**广东中职德育文库·学生能力提升系列丛书**

中等职业教育德育课课程改革国家规划新教材配套教学用书

# 哲 学
## 人生的诗意与远方
Zhexue Rensheng De Shiyi Yu Yuanfang

陈婉珍　汪永智　主编

中山大学出版社

·广州·

版权所有　翻印必究

图书在版编目（CIP）数据

哲学：人生的诗意与远方/陈婉珍，汪永智主编. —广州：中山大学出版社，2016.8

ISBN 978-7-306-05736-5

Ⅰ.①哲…　Ⅱ.①陈…②汪…　Ⅲ.①哲学—高等学校—教材　Ⅳ.①B

中国版本图书馆 CIP 数据核字（2016）第 142750 号

| 出版人 | 徐　劲 |
|---|---|
| 策划编辑 | 金继伟 |
| 责任编辑 | 林彩云 |
| 封面设计 | 林绵华 |
| 插　　图 | 张幼晖　张嘉捷 |
| 责任校对 | 刘学谦 |
| 责任技编 | 何雅涛 |
| 出版发行 | 中山大学出版社 |
| 电　　话 | 编辑部 020-84110771，84113349，84111997，84110779 |
|  | 发行部 020-84111998，84111981，84111160 |
| 地　　址 | 广州市新港西路 135 号 |
| 邮　　编 | 510275　传真：020-84036565 |
| 网　　址 | http://www.zsup.com.cn　E-mail: zdcbs@mail.sysu.edu.cn |
| 印刷者 | 佛山市浩文彩色印刷有限公司 |
| 规　　格 | 787mm×1092mm　1/16　12.25 印张　320 千字 |
| 版次印次 | 2016 年 8 月第 1 版　2020 年 1 月第 6 次印刷 |
| 定　　价 | 25.00 元 |

如发现本书因印装质量影响阅读，请与出版社发行部联系调换

## 广东中职德育文库编委会名单

| | | |
|---|---|---|
| 顾　问 | 罗伟其 | 广东省委教育工委书记、省教育厅长、厅党组书记 |
| | 陈　韶 | 广东技术师范学院党委书记 |
| 主　任 | 景李虎 | 广东省委教育工委副书记、省教育厅党组副书记 |
| | 潘自勉 | 广东技术师范学院副院长、广东省中职学校德育指导委员会副主任、教授 |
| 副主任 | 袁本新 | 广东省教育厅思想政治教育处处长 |
| | 汪永智 | 广东省中等职业学校德育研究与指导中心主任、广东技术师范学院马克思主义学院院长兼党总支书记、教授 |
| | 陈丽霞 | 广东省教育厅思想政治教育处副处长 |
| 编　委 | 汪　芸 | 广东省教育厅思想政治教育处主任科员 |
| | 王　川 | 广东技术师范学院学报编辑部主任、教授 |
| | 陶　红 | 广东技术师范学院教育学院执行院长、教授 |
| | 任　平 | 广东技术师范学院教育学院副院长、教授 |
| | 张　辉 | 广东技术师范学院马克思主义学院教授 |
| | 李　琴 | 广东技术师范学院马克思主义学院副院长、教授 |
| | 余　翔 | 广东技术师范学院马克思主义学院副院长、副教授 |
| | 黄文浩 | 广东技术师范学院文学院党委副书记、副教授 |
| | 林幸福 | 广东技术师范学院音乐学院党委副书记、副教授 |
| 总主编 | 汪永智　袁本新 | |

## 《哲学——人生的诗意与远方》编委会名单

**主　审：** 余炳元
**主　编：** 陈婉珍　汪永智
**副主编：** 沈　彬　林旭兰　黄凯雯
**编　委：**（按姓氏笔画排序）
华群青　陈伟佳　卓　晓　林炼钢　钟坤英　郭颂恒

# 内 容 简 介

　　本书为中等职业教育课程改革国家规划新教材《哲学与人生》的教学配套用书，适合中职生（含高中生）在学习哲学中使用，也适合学校的教师培训使用。全书共分为以下四个单元：坚持一切从实际出发；用辩证的观点看问题；坚持实践与认识的统一；认识社会，努力实现人生价值。本书在内容和体例编排上都有别于其他教材。在内容上，全书有可读性强的130多个经典的故事和案例，能帮助学生很好地理解哲理；体悟生活的诗性智慧可帮助学生学会运用所学哲理理解生活、精思明辨；根据中职生的身心特点和思维发展规律，本书理论联系实际地设置了问题引导学生思考。这三个新特点使本书更具广阔的人文视野和人文关怀，使大家的哲学学习更具有丰富性、生动性和深刻性。课后的"思考与训练"以及单元后面的"单元习题"，使教学更有针对性、适应性。

# 序　言

　　中职生需要学哲学吗？首先我们要了解哲学是什么。人们通常把"哲学"定义为理论化、系统化的世界观。其实这只是哲学现代化、学科化、抽象化的定义。从哲学的实际及其概念发展演变的历史看，它是非常生活化同时也非常富有诗意的。当然，最初并没有所谓哲学的概念，但确有哲学的存在。先民们面对自然，面对生活，面对社会，总会有烦恼和困惑。那怎么办呢？人们就会通过卜筮——用龟甲或兽骨经过火烧后显出纹路，或用筮草排列出的数字来解释或预测，而负责解释或预测的权威人士，瞽史或巫，就是所谓的智者，或者哲人。占卜的记录及解释，留传下来的，除了甲骨文和金文（刻在主要是祭祀用的金属器具上的文字），最集中且最有代表性的，就是《易经》了。四书五经里，《易经》还被称为六经之首呢！孔子说，"五十以学易，可以无大过矣"，可见他对《易经》的重视；"韦编三绝"，就是说他读《易经》的故事，说他把用牛皮系扎的竹简《易经》都读断了三次才读懂读透。因此，孔子自然也是最堪称哲人的了。孔子临死时，就自称为哲人；据《礼记·檀弓》（上）记载："孔子蚤（通早）作（起来），负手曳杖，消摇于门，歌曰：'泰山其颓乎，梁木其坏乎？哲人其萎乎！'既歌而入，当户而坐。子贡闻之，曰：'……夫子殆将病也。'"后世形容有学问有智慧的人逝世，都用"哲人其萎"来形容或指代。

　　从《易经》的来源看，可以说是最生活的；从它阐述和升华的意境看，可以说也是最哲学的；从它的表达方式上看，又是最富诗意的——我们今天很多人取姓名或校名、公司名，都从《易经》中找，比如清华大学的校训"厚德载物"，就是来自于《易经》。为什么在那么艰苦的社会早期，会诞生这么伟大的哲学著作呢？用今天的话说，越是艰苦越是困惑越需要诗和远方。

　　哲学不仅源于生活，富于诗意，而且优秀的乃至伟大的哲学，总是建立在解决现实的人生与事业的困境之上的。比如习近平总书记推崇的王阳明，他的哲学思想，正是他被发配到贵州龙场驿，在他人生最黑暗的时候构建起来的。再比如我们现在所学习的马克思主义哲学的创始人马克思，如果按照我们现在的成功学标准，他并不成功，既没有成为大官员，也没有成为大企业家或畅销书作家，他常常要靠家庭富裕的恩格斯资助。可以说，马克思正是凭着对伟大的理想（远方）和崇高的诗意的追求，从而创立了伟大的马克思主义。

　　马克思的这种伟大理想和崇高诗意，与我们宋代的理学家提出的"为天地立心，为生民立命，为往圣继绝学，为万世开太平"，在本质上和精神上是一致的。我们中国共产党人全心全意为人民服务的观念，也正是建立以马克思主义为主体，吸收古今中外这些伟大的哲学思想的精华的基础上的。

　　纵观古今中外，特别是马克思主义哲学，为我们理解世界和人生提供了"大智慧"，因为它是灵魂对世界和人生的根本追问，所探究的是世界人生的基本规律，它让我们从自己局部的生活中跳出来，综观世界人生的全局，从而获得一个正确的人生坐标。每一个人的生活都离不开哲学：成功的人首先必须是精神优秀的人，而精神的优秀、境界的升华，离不开哲学；普通人的生活中随时也都有困惑，这个时候最需要的是自己内在力量的支持，这种力量也来自于哲学思考，即对人生根本道理的思考。

每个人都需要学习哲学，而人类的天性中包含着哲学的潜能，因此每个人也都适合学习哲学。哲学学习可以开始于5岁以上的任何年龄阶段，但其中最合适的年龄是高中（含中职）和大学低年级阶段。因为大家在这个时候，理性开始觉醒，足够领悟哲理，好奇心强烈，求知欲旺盛，开始经常考虑人生问题，所以哲学课对于大家来讲是一种极佳的思考讨论世界与人生真相的机会，你将在哲学学习中快乐地体验到思考和解惑的乐趣。

许多人渴望了解哲学，但又苦于无法读懂晦涩深奥的定义和理论，这极大地压抑了人们的好奇心。本书的内容大多来自于编者十多年来的教学实践，是被广大学生喜爱、能激发学生的理论兴趣、充分给予学生人文关怀、以理服人的教学材料。它遵循了"贴近学生、贴近生活、贴近实际"的原则，以解决人生困惑为基点，在整合国规教材内容的基础上进行了改革创新。全书内容通俗易懂，层次分明，说理清晰。其主要亮点有：第一，书中采用了大量的经典故事和案例，使深奥的理论读起来浅显易懂，使哲学学习变得简单有趣，增强了可读性和趣味性；第二，把哲理和身边的人和事联系起来，设置问题引导大家思考生活和人生，让大家更好地将其理解和运用到工作和生活中；第三，配上编者深入实际的独到分析，给大家学会独立思考提供了示范和榜样，诚可谓融哲理叙述与诗性智慧于一体。这些特色和亮点，对于教师的教学和学生的学习，都将起到积极的促进作用。

我们希望，这本融知识性、趣味性、实用性于一体的哲学教学用书，能为大家开启一次不同寻常的哲学之旅，切实感受哲学的魅力！

因编写时间仓促，编者水平所限，书中难免有错漏之处，希望大家在使用的过程中，能及时提出修改意见和建议，使之不断完善和提高。

广东省中等职业学校德育研究与指导中心主任、教授　汪永智<br>2016年6月

# 目 录

导言课 ………………………………………………………………………………… 1
 一、什么是哲学 …………………………………………………………………… 1
 二、为什么要学习哲学 …………………………………………………………… 4
 三、如何学习哲学 ………………………………………………………………… 6

**第一单元　坚持一切从实际出发** ……………………………………………… 10
 第一课　客观实际与人生选择 …………………………………………………… 11
  一、世界是客观的物质世界 …………………………………………………… 11
  二、坚持一切从实际出发、实事求是 ………………………………………… 13
  三、客观实际是人生选择的前提和基础 ……………………………………… 16
 第二课　物质运动与人生行动 …………………………………………………… 20
  一、物质在运动中存在 ………………………………………………………… 20
  二、哲理启迪 …………………………………………………………………… 23
 第三课　意识的本质及人的主观能动性 ………………………………………… 29
  一、意识的本质 ………………………………………………………………… 29
  二、意识的本质给我们的启示 ………………………………………………… 30
  三、人的主观能动性 …………………………………………………………… 34
 第一单元习题 ……………………………………………………………………… 42

**第二单元　用辩证的观点看问题** ……………………………………………… 45
 第四课　普遍联系和人际和谐 …………………………………………………… 46
  一、事物是普遍联系的 ………………………………………………………… 46
  二、用联系的观点看问题 ……………………………………………………… 49
  三、营造和谐的人际关系，创造快乐人生 …………………………………… 53
 第五课　发展变化与顺境逆境 …………………………………………………… 57
  一、用发展的观点看顺境逆境 ………………………………………………… 57
  二、坚持用发展的观点看问题 ………………………………………………… 61
  三、事物发展的两种状态——量变和质变 …………………………………… 62
  四、质量互变规律的实践意义 ………………………………………………… 65
 第六课　矛盾观点与人生动力 …………………………………………………… 70
  一、矛盾概念及其基本属性 …………………………………………………… 70

1

二、矛盾的基本属性给我们的启示 …………………………………… 73
　　三、事物发展的内因和外因 …………………………………………… 78
　　四、具体问题具体分析 ………………………………………………… 83
　　五、坚持两点论和重点论的统一 ……………………………………… 86
第二单元习题 ……………………………………………………………… 91

第三单元　坚持实践与认识的统一 ……………………………………… 95
　第七课　知行统一和体验成功 …………………………………………… 96
　　一、坚持实践和认识的统一 …………………………………………… 96
　　二、认识的辩证过程 …………………………………………………… 99
　第八课　现象本质与明辨是非 …………………………………………… 104
　　一、现象和本质的含义及其辩证关系 ………………………………… 104
　　二、如何透过现象看到本质 …………………………………………… 105
　　三、把握几对概念的辩证关系，提高认识能力 ……………………… 112
　第九课　科学思维与创新能力 …………………………………………… 123
　　一、培养科学的思维方法 ……………………………………………… 123
　　二、几种常用的科学思维和创新思维方法 …………………………… 125
　　三、创新的思维障碍——定式思维 …………………………………… 131
　　四、激发个人创造力的六种方法 ……………………………………… 134
　第三单元习题 ……………………………………………………………… 138

第四单元　认识社会，努力实现人生价值 ……………………………… 142
　第十课　历史规律与人生目标 …………………………………………… 143
　　一、生产力和生产关系的矛盾运动 …………………………………… 143
　　二、经济基础和上层建筑的矛盾运动 ………………………………… 144
　　三、人民群众是历史的创造者 ………………………………………… 148
　　四、如何正确看待普通个人的历史作用 ……………………………… 149
　第十一课　理想信念的作用及其实现 …………………………………… 151
　　一、理想信念 …………………………………………………………… 151
　　二、理想信念的实现 …………………………………………………… 157
　第十二课　在社会中发展自我，创造人生价值 ………………………… 161
　　一、人的本质 …………………………………………………………… 161
　　二、人生价值是社会价值和自我价值的统一 ………………………… 163
　　三、人生价值实现的客观条件和主观条件 …………………………… 166
　　四、在社会与个人的统一中实现人生价值 …………………………… 168

第十三课　努力实现人的全面发展 …………………………………… 174
　　一、努力实现人的全面发展 ………………………………………… 174
　　二、在社会发展中实现人的个性自由 ……………………………… 177
　第四单元习题 …………………………………………………………… 181

后　记 ……………………………………………………………………… 184

附录　各章习题参考答案 ………………………………………………… 185

# 导言课

没有哲学我就不能前进。——马克思

## 一、什么是哲学

### 1. 哲学是关于世界观、人生观的理论体系

"哲学"的本义为"爱智慧",即给人智慧的学问。为什么这样的一门课能给人智慧、让人聪明呢?因为它是关于世界观、人生观的理论体系。所谓的"世界观",就是"观世界",就是人们对整个世界以及人与世界关系的根本观点。比如说,佛教、基督教等不同宗教信仰的人,他们心目中的世界是不一样的,基督教徒认为世界是神创造的,佛教徒认为生命都是有三世轮回,众生平等。我们就可以说,他们的世界观不一样。所谓"人生观",就是"观人生",是对人生目的、意义的根本看法和态度,是世界观在人生问题上的具体表现。

世界观、人生观和哲学既有区别又有联系。每个成年人都有世界观、人生观,但不能说他们都有哲学。人们在日常生活中形成的自发的、不系统的世界观、人生观,还不能成为哲学。哲学是关于世界观、人生观的理论体系,或者说是系统化、理论化的世界观。

### 2. 哲学的基本问题——思维和存在的关系问题

哲学的基本问题是思维和存在或意识和物质的关系问题,它包括两个方面的内容:第一个方面是物质和意识何者为第一性的问题。第二个方面是思维和存在的同一性问题,即思维能不能认识存在、世界是不是可以认识的问题。第一个方面的问题是划分唯物主义和唯心主义的标准。凡是肯定物质第一性、意识第二性、物质决定意识的观点,就是唯物主义;凡是肯定意识第一性、物质第二性、意识决定物质的观点,就是唯心主义。

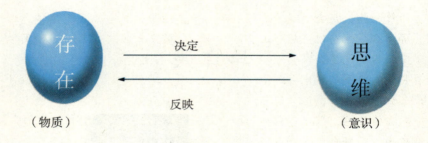

如果讲台不存在，我们头脑不可能有讲台的影像啊！这是唯物主义者的思维。

如果人类头脑里没有讲台的影像，讲台是无法被制造出来的呀！这是唯心主义者的思维。

马克思主义哲学把唯物主义和辩证法统一起来，是彻底而完备的唯物主义哲学。

 **思考**

为什么中国的玉皇大帝酷似中国人，印度创立的佛教中的菩萨、如来佛等像印度人，基督教的上帝像欧洲人？

无论科学与否，思想都是对客观世界的反映，是物质决定了意识。

 **哲理故事**

### 掩耳盗铃

从前，有一个人很愚蠢又很自私，他还有一个爱占便宜的坏毛病。凡是他喜欢的东西，总是想尽办法把它弄到手，甚至是去偷。有一次，他看中了一户人家大门上挂的铃铛。这只铃铛制作得十分精致，样子很好看，声音也很响亮。他想，怎么样才能弄到手呢？他最后决定把它偷走。他知道，只要用手去碰，这个铃铛就会"丁零丁零"

地响起来。门铃一响，就会听到铃铛的响声，有了响声，就会被人发现了。那可就得不到铃铛了。那怎么办呢？他突然想出了一个办法。他认为，门铃一响，如果把自己的耳朵掩住，不是就听不见了么？于是，他自作聪明地采用这个方法去偷门铃。有一天晚上，他借着月光，蹑手蹑脚地来到那户人家大门前。他伸手向上摘铃铛，但是，门铃挂得太高了，怎么也够不着，他只好扫兴地回来了。回到家，他又想该怎么办呢？他想叫邻居聋子一起去偷铃铛，只要踩着他的肩膀就能够摘到铃铛了。可是又怕别人不干，不和他一起偷东西，只好自己踩着凳子摘铃铛吧。第二天晚上，他带着凳子，又蹑手蹑脚地来到大门前。他踩着凳子，一手掩住自己的耳朵，一手摘铃铛。谁知他刚碰到铃铛，铃铛就响了，这家主人发觉后，就把他抓住了。

因为别人的耳朵并没有被掩住，仍然能够听到铃铛的响声。门铃的响声是客观存在的，不管你掩不掩耳朵，它总是要响的。凡是客观存在的东西，都不依人的主观意志为转移。有的人对不喜欢的客观存在，采取不承认的态度，以为如此，客观就不存在了，这和"掩耳盗铃"一样，都是极端的主观唯心主义——唯我论的表现。

唯心主义认为世界是精神的，意识第一性，物质第二性，意识决定物质，决定存在，意识包括主观意识和客观精神，它们决定一切存在。所以唯心主义包括主观唯心主义和客观唯心主义。通俗理解，主观唯心主义认为一切都是人想出来的，客观唯心主义认为一切都是神创造的，当遇到挫折的时候，主观唯心主义者会往自己的内心寻求解决办法，通过调整自己的心态解决问题，而客观唯心主义者往往把自己的失败看作是命中注定，为了解决问题，去拜佛烧香，求仙问卜。而唯物主义者则根据自己的客观实际，积极地寻找自己失败的原因，根据实际情况，制定自己的努力方向和下一目标。

 **哲理故事**

### 疑邻窃斧

从前有个人，丢了一把斧子。他怀疑是邻居家的儿子偷去了，他观察那人走路的样子，像是偷斧子的；看那人的脸色表情，也像是偷斧子的；听他的言谈话语，更像是偷斧子的，那人的一言一行，一举一动，无不像是偷斧子的。后来，丢斧子的人在山谷里挖地时，找到了自己丢的那把斧子，他再留心察看邻居家的儿子时，就觉得他走路的样子，不像是偷斧子的；他的脸色表情，也不像是偷斧子的；他的言谈话语，更不像是偷斧子的了，那人的一言一行，一举一动，都不像偷斧子的了。

这是典型的主观唯心主义，《疑邻窃斧》的故事中，整个过程在变的不是邻居的儿子，而是自己的心态。变的原因也没有其他，是被偏见所蒙蔽。所以主观唯心主义认为

"境随心转"是有一定的道理的。而客观唯心主义把客观精神（如上帝、理念、绝对精神等）看作世界的主宰和本原，认为现实的物质世界只是这些客观精神的外化和表现，则是没有依据的。

第二个方面的问题即思维能不能认识存在、世界是不是可以认识的问题，是划分可知论和不可知论的标准。凡是肯定思维能够认识存在、世界是可以认识的观点，是可知论；凡是断定思维不能认识存在、世界是不能认识或不能彻底认识的观点，是不可知论。比如道家坚持的就是不可知论，认为一切都不可知，如庄子说："画龙画虎难画骨，知人知面不知心"，庄子认为命运不可知、前途不可知、人心不可知，所以人要"无为"，主张消极避世。

## 哲理故事

### 子非鱼

《庄子》中有一个故事，庄子和惠施有一次一起外出散步，走到一座桥上，庄子看见一条条鱼在水里自由自在地游来游去，就说："鲦鱼出游从容，是鱼之乐也。"惠施则回答说："子非鱼，焉知鱼之乐也？"庄子反问道："子非吾，安知吾之不知鱼之乐？"惠施马上说："吾非子，固不知子矣；子非鱼，故不知鱼之乐也。"在这里，惠施的观点就表达出一种不可知论倾向。按照这种说法，人不能知道鱼的快乐，由此推论下去，世界上是没有一样东西可以认识了，这种看法就是不可知论。

马克思主义哲学坚持可知论，为我们认识世界提供了正确的思维方法，是我们时代精神的精华，是我们认识世界和改造世界的思想武器。

## 二、为什么要学习哲学

### 1. 有助于树立科学的世界观、人生观

哲学是关于世界观、人生观的学说，世界观、人生观的不同，决定了我们有不同的人生之路。学习哲学，有助于我们树立科学的世界观、人生观和价值观。

## 诗性智慧

任何事情，出发点不同，总意味着结果的不同。比如，犹太人认为经商的目的是为服务对象服务而不是为了赚取他们口袋里的钱，结果他们成了全世界最富有的民族。因为出发点是利他的，利社会的，那么经营过程中的思路、方法必定是符合服务对象的要求，成功也就成了必然。被誉为"韩国首席妈妈"的全惠星博士，她

将6个子女全部培养成哈佛大学、耶鲁大学的博士！她的家庭被《纽约时报》评为"可与美国历史上著名的肯尼迪家族相媲美"！有人问她有什么特别的教育方式时，她说："让孩子们有个目标，自己的学习和努力都是为了帮助那些不幸的人们。"不是为了成为大人物而努力，而是为了帮助他人而努力！帮助他人需要施展才华，而在这样的过程中，学习动力就会是充足的，学习方法就会是正确的，掌握的本事就会是扎实的，那么学习效果的优异就是自然而然的事情了。因此，不同的世界观、人生观，决定了不同的行动选择，也就有了不同的人生。

2. 有助于提高生活质量

哲学是关于方法论的学说，是关于如何做人、如何做一个好人等这样一些大问题和根本性问题的学问。我们这一生要活得精彩，活得有价值、有质量，就不能不学习哲学。有人会说，我本来就很聪明，不需要学习做人的道理了。其实，你所理解的聪明不等于有了哲学上说的方法，哲学给人的是智慧，是关于世界人生根本问题的思考，不是我们平常所讲的"精明""聪明"。

**延伸阅读**

聪明是一种生存的能力，而智慧则是生存的一种境界。

世界上聪明人不多，估计十中有一；而智者就更罕见，估计百里无一。你看，连公认的智者苏格拉底都自认为，按照智慧的要求，自己是无知的。

在现实生活中，不吃亏的是聪明人，而能吃亏的是智者。

聪明人和别人打交道总能保全自己利益。比如做生意，他们做生意都能把利润赚足；而智者绝不追求生意的最大收益，有些生意甚至赔钱也做。

聪明人知道自己能做什么，而智者明白自己不能做什么。

聪明人能把握机会，知道什么时候该出手；而智者知道什么时候该放手。因此，拿得起来的是聪明，放得下的才是智慧。

聪明人总把自己闪光的一面表现出来，也就是脱颖而出；而智者是让别人把闪光的一面表现出来。比如在一个聚会里，聪明人嘴忙，往往侃侃而谈，因此是茶壶；而智者耳忙，注意聆听别人，因此是茶杯。茶壶里的水最终要倒进茶杯里。

聪明人注重细节，而智者注重整体。

聪明人多烦恼，因为聪明人比常人更敏感；而智者能远离烦恼，达到"不以物喜，不以己悲"的超然物外之境界。

聪明人渴望改变别人，让别人顺从自己的意志；而智者多能顺其自然。因此，聪明人的人际关系容易紧张，而智者的人际关系多和谐。

聪明多数是天生，得益于遗传；而智慧更多靠修炼。

聪明能获得更多知识，而智慧让人更有文化。反过来，一个人知识越多越聪明，而文化越多越智慧。

聪明靠耳朵、靠眼睛，所谓耳聪目明；而智慧靠心灵，即所谓慧由心生。

科学让人聪明，哲学教人智慧。

聪明能带来财富和权力，智慧能带来快乐。因为聪明人往往有更多技能，而现实中这些技能只要机缘巧合，就能转化为财富和权力。但是财富和权力与快乐很多时候并不成正比，快乐来自人心。因此，求才，聪明足矣；求脱离烦恼，非修智慧不可。

郑板桥曾说，"聪明难，糊涂更难"。其实郑氏的"糊涂"是需要智慧的"糊涂"。所以"难得糊涂"翻译过来就是"难得智慧"。连苏格拉底都无知，可见智慧有多难！

### 诗性智慧

世界上每个人都是在为争取更美好的生活而努力，那什么人的生活会更好一点？说到底就是一个人的心智模式，即有没有上面提到的"智慧"。世界和人生都是有规律的，所谓"天理""天有眼"中说的"天"，其实就是规律。一切都在规律之中，规律是客观的，也就是说，不管你知不知道，相不相信，规律都在那里，总要发挥作用，它只能被发现不能被发明。当一个人认识了规律并遵循规律来行动，他的人生就会比较顺利，相反，就会产生比较多的挫折。人类历史上一切伟大的成功者都是做事符合规律的人，而不是会使小伎俩的精明人，其实越是精明的人，离哲学是越远的。生活中的苦难和烦恼却往往是背离规律的显现，是人不能尊重规律所得到的惩罚。"哲学"一词的本义是爱智慧，通俗地说，就是要活得明白，活得明白当然离不开发现规律，哲学课就是让人综观世界和人生的全局，让我们认知规律、掌握规律、运用规律，实际上就是在教人以"智慧"，为人的进取提供一个坐标，为我们争取美好生活指明方向。另外，哲学教会我们思考，让我们拥有心智生活，从而构建起自己的精神家园，获得内在的自由和充实。一个人唯有学会了用自己的头脑去思考，才能对世界人生有独到的开阔的胸怀和眼光，才能够拥有好的心态而超然于人世间所有的成败得失之上，才能够真正做自己精神的主人而不会完全被外物支配，这是人生快乐的最大源泉。

## 三、如何学习哲学

### 1. 重点在于用心思考，而不在于记诵

学哲学，就是学思考，就是在修心、修智慧。哲学是来自于体验的学问，它其实不

是知识，所以学哲学不是靠记诵，而是靠心，所谓慧由心生。

 **哲理故事**

### 两小儿辩日

孔子向东游历，见到两个小孩在争辩，就问他们在争辩的原因。一个小孩说："我认为太阳刚升起的时候距离人近，而到正午的时候距离人远。"另一个小孩认为太阳刚升起的时候距离人远，而到正午的时候距离人近。一个小孩说："太阳刚出来升起的时候大得像车盖。到了正午就像圆盘一样大，这不是远的小而近的大吗？"另一个小孩说："太阳刚出来的时候很清凉，到了中午的时候就像把手放进热水里一样烫，这不是近的热而远的凉吗？"孔子不能决断。两个小孩笑着说："谁说你见多识广啊？"

 **诗性智慧**

孔子被称为"东方的圣人"，是最有智慧的人，可是连两个小孩所提的问题都回答不了，可见知识不等于智慧。所以，对于修炼智慧、教人思考的哲学课，在学习方法上必然不同于传授知识的其他课程。从"哲学家都是自学成才的"这一事实来看，学习哲学即学习思考世界与人生的基本问题，最好的途径是自学、独立思考！因为哲学在本质上讲它不是一种学问，而是一种体验，或者说它是来自于体验的一种学问，只有自觉地用自己的眼睛去"观"世界"观"人生、用自己的头脑去悟世界悟人生，才会有深刻的体验。但对于初学者来讲，入门最好有老师的指引，看看老师在想些什么问题和怎样想这些问题，以老师为榜样，慢慢地学会独立思考，也就能慢慢地靠近哲学了。哲学学得好不好，衡量的标准不在于你在教科书中或者在课堂上记诵了多少教条和结论，唯一的标准是看你是否学会了思考，能否用自己的头脑去思考人生的根本问题，从而确立了人生信念。这本教材中的生活感悟，不是要你一定接受这些生活理念，更不应该把它们当作教条来背诵，它只是教你如何独立思考，给你的思考提供了榜样和启示。

2. 理论联系实际，学以致用

学习哲学的根本方法就是理论联系实际，学以致用。最重要的不是我们"知道"了多少，而是"做到"了多少。所以学习哲学，就是要把所学的知识深入到我们的生活中去，转"识"成"智"，把所学理论转变为做人做事的实在智慧。

**哲理故事**

## 庖丁解牛

厨师给梁惠王宰牛。手所接触的地方,肩膀所倚靠的地方,脚所踩的地方,膝盖所顶的地方,哗哗作响,进刀时霍霍地,没有不合音律的:合乎(汤时)《桑林》舞乐的节拍,又合乎(尧时)《经首》乐曲的节奏。

梁惠王说:"嘻,好啊!(你解牛的)技术怎么竟会高超到这种程度啊?"

厨师放下刀回答说:"我所爱好的,是(事物的)规律,(已经)超过(一般的)技术了。开始我宰牛的时候,眼里所看到的没有不是牛的;三年以后,不再能见到整头的牛了。现在,我凭精神和牛接触,而不用眼睛去看,视觉停止了而精神在活动。依照(牛的生理上的)天然结构,击入牛体筋骨(相接的)缝隙,顺着(骨节间的)空处进刀,依照牛体本来的构造,经脉经络相连的地方和筋骨结合的地方,尚且不曾拿刀碰到过,更何况大骨呢!技术好的厨师每年更换一把刀,(是用刀硬)割断筋肉;一般的厨师每月(就得)更换一把刀,(是用刀)砍断骨头。如今,我的刀(用了)19年,所宰的牛有几千头了,但刀刃的锋利就像刚从磨刀石上磨出来的一样。那牛的骨节有间隙,而刀刃很薄;用很薄的(刀刃)插入有空隙的(骨节),宽宽绰绰地,对刀刃的运转必然是有余地的啊!因此,19年来,刀刃还像刚从磨刀石上磨出来的一样。虽然是这样,每当碰到(筋骨)交错聚结的地方,我看到那里很难下刀,就小心翼翼地提高警惕,视力集中到一点,动作缓慢下来,动起刀来非常轻,霍啦一声,(牛的骨和肉一下子)解开了,就像泥土散落在地上一样。(我)提着刀站立起来,为此举目四望,为此志得意满,(然后)把刀擦抹干净,收藏起来。"

梁惠王说:"好啊!我听了厨师的这番话,懂得了养生的道理了。"

 **思考**

《庖丁解牛》的故事给我们什么启发?

庖丁解牛

世界虽然很复杂,但人生在世,只要遵循自然的天理,还是有自由生存的空间,可以轻松生活的。

要自如地掌握人生规律而不遇到困难,唯一的办法就是在个人的生活实践中去体验。

**诗性智慧**

　　学好哲学必须要在实践中践行课堂上所学的，否则学习的意义就不大。庖丁了解了牛的结构和机理，如果没有实际的操作，那么这种认识就没有意义了，也会很快忘记。我们原来的心智模式决定了我们会不断重复地做某件事，在生理学上说，我们某些神经细胞之间已经建立了长期且固定的关系，比如碰到某种情景你就会稳定地以某种方式处理问题。学习哲学，就会发现一些规律，从而有了一些更好的思路，但你必须在实践中践行，这样你才能让原来每天都在重复的神经网络重新接线和整合，从而建立新的心智模式。如果仅仅是"知道"而不是"做到"，学习的意义不会很大，你也无法体验到学以致用的乐趣了。

 **思考与训练**

　　1. 分别举出生活中的例子说明什么是唯物主义和唯心主义，什么是主观唯心主义和客观唯心主义。

　　2. 通过本课的学习，你知道为什么要学习哲学了吗？你准备如何学习？

# 第一单元　坚持一切从实际出发

　　本单元内容是让我们了解"一切从实际出发""正确发挥主观能动性""客观世界运动的规律性"等基本观点，及其对人生发展的重要意义，从而指导我们从主客观条件出发，正确进行人生选择，正确对待自己和他人，增强自信自强的意识，尊重客观世界运动的规律性，正确发挥主观能动性，脚踏实地走好人生路。

# 第一课　客观实际与人生选择

人生处处有选择，时时有选择。正确的选择成就成功的人生，错误的选择构成失败的人生。要做出正确的选择，就必须从个人的主客观实际出发，从社会的需要和发展规律出发。本课将为大家阐明这种观点的理论依据。

## 一、世界是客观的物质世界

为什么说这个物质世界是客观的？整个物质世界是由自然界、人类社会和人自身构成的，那么我们分别来证明自然界、人类社会和人本身都是客观的，就可以证明物质世界是客观的。

首先"客观"是什么意思？顾名思义，客观就是观察者为"客"，自外于被观察事物，被观察的事物的性质和规律不随观察者的意愿而改变。例如，"外面正在下雨"，这是一个客观事实，不随任何人的主观意志为转移。"下雨好不好"就是一个主观问题了，答案因人而异。

### 1. 自然界是客观的

自然界是先于人和人的意识产生和存在的。人类产生后，人的劳动虽然干预了自然界，改变了自然界的天然景观，但自然界的存在和发展仍然遵循其客观规律，而不依赖于人的意识。我们以星体为例。

**哲理故事**

### 阻止了一场战争的日食

公元前6—7世纪，在伊朗高原上，米底王国和邻国吕底亚王国为了争夺土地，在哈吕斯河（今柯孜勒河）一带展开激烈的战斗，一打就是5年，双方士兵大量阵亡，无数百姓流离失所，明知这样耗下去只会两败俱伤，但谁也不愿先退让求和。一天，两军对阵，激烈的厮杀一直持续到太阳偏西，阳光照射到盔甲上，闪现出一道道刀光剑影。忽然，士兵们发现，一个黑影闯入圆圆的日面，把太阳一点一点地吞食，炫目的太阳光盘逐渐减少，大地的亮度慢慢减弱，好像黄昏提前来到。随即，太阳全被吞没，顿时天昏地暗，仿佛夜幕突然降临，一些亮星在昏暗的天空中闪烁着。士兵们从来没见到过这种景象，顿时惊得目瞪口呆，他们认为太阳神被他们的日夜厮打激怒了，要收回光明和温暖。于是对死亡的恐惧让他们在茫茫的"黑夜"中停止了厮杀。虽然过了不久，太阳就重新出现，日食很快就结束了，但双方认为，这是太阳神不满他们两国的战争而发出的警告，仗不能再打下去了。双方的首领经过一番商讨以后，决定握手言和，签订了永久的和平契约。一场旷日持久的战争，就这样因偶然遭遇的一次日全食而化干戈为玉帛。

对于日食，古代的中国人把它称为"天狗食日"，每当"天狗食日"，当时的人们也要祈求天狗把日吐出来还给大家。但现在我们知道，不管人类有没有祈求，不管我们如何理解天体的运行，它们都是以自己的方式和规律存在和运行着，并没有受人类主观意志的影响。就如我们有很多关于日月星辰的神话传说，比如《嫦娥奔月》《牛郎织女》的故事等，甚至人类都登上月球了，都没有改变这些星体的面貌和运动。所以说，自然界的万事万物，都有自己产生和发展的客观过程，都是客观存在的。

 **思考**

1. 哲理故事中，当时的日全食跟他们的打仗有关系吗？
2. 美国人没有听过《嫦娥奔月》的故事，他们看到的月亮和我们看到的一样吗？
3. 杜甫有诗云：露从今夜白，月是故乡明。诗人故乡的月亮是真的比较清亮吗？

### 2. 人和人类社会也是客观的

人和人类社会是物质世界长期进化的结果，是物质世界的重要组成部分，也是客观的。理解自然界是客观的比较容易，理解人和人类社会的客观性就比较难。因为社会是由人构成的，社会中人们的一切活动都是在一定思想目的支配下进行的，不管是城市还是农村，都已经打上了人类意志的烙印。尽管如此，人和人类世界仍然是物质世界的一部分，是客观的。

大约在两千万年前，气候条件的变化，使森林的面积大量减少了，本来是树栖的古猿被迫到地面生活。由于环境的变化，古猿的前后肢出现了某些分工，后肢主要用于支撑身体，前肢担负投掷石块、使用棍棒、筑巢等类似人手的活动。这就出现了一些萌芽性的生产劳动。正是这些萌芽性的生产劳动，使猿的前肢变成人手，使猿脑变成人脑，从而使猿进化成人，使猿群演化成人类社会。所以，人和人类社会的产生是在劳动推动下的一个客观物质过程。

随着生活水平的提高和医学的发展，人类的体质和平均寿命有了很大的改善；随着心理学的发展，也逐渐揭示了人的个性发展中的一些规律，这些都说明了人的身心发展同自然界的发展一样，也是有客观规律的。人类社会历史是人们自觉活动的结果，但是支配人们自觉活动的思想意识，归根到底是由社会物质生活条件决定的，特别是由生产方式决定的。社会物质生活条件、生产方式的发展变化都是有规律的，因此，社会发展也是受自身规律支配的。生产关系一定要适合生产力发展的规律是支配社会发展的基本规律。在这个规律支配下，人类社会必然要经历原始社会、奴隶社会、封建社会、资本主义社会、共产主义社会这五种社会形态。当然，不同国家、地区或民族由于历史条件和国际环境不同，由低级社会形态向高级社会形态转变时所采取的形式各有特点，但社会由低级向高级发展的总趋势是不会改变的。

综上所述，人和人类社会的产生、存在和发展的规律都是客观的，不以人类的意志为转移。所以说，人和人类社会，也是客观的。

3. 世界的本质

世界的本质问题是一个古老而常新的问题，也是一切哲学都必须回答的问题。古今中外的哲学家对它做了很多探讨，不同的哲学派别对什么是世界的本质问题做出不同的甚至截然相反的回答。马克思主义哲学对这个问题做出了唯一科学的解释。马克思主义哲学认为，世界的本质是物质，物质是不依赖于人的意识并能为人的意识所反映的客观实在。物质的唯一特性是客观实在性。

## 二、坚持一切从实际出发、实事求是

"世界是客观的物质世界"这一唯物主义基本原理告诉我们，要坚持一切从实际出发、实事求是。因为主观意志改变不了客观事实，不管你尊不尊重它，承不承认它的存在，它都以自己本来的面目存在着。在实际生活中，我们只有做到尊重客观实际，尊重客观规律，才不会受到规律的惩罚。下面谈两点：

1. 诚信做人

诚信，关系着一个人的生活、学习、工作，是人在社会的安身立命之本。一个人如果失去了诚信，将在社会上没有立足之地。

 哲理故事

### 虚伪的代价

第一次鸦片战争后，两广总督耆英赴两广兼办通商事务，与英国人交涉。港督德庇时和驻港英军司令为耆英举办了盛大的宴会。宴会上，耆英端着酒杯站起来说："我以清朝武士的信仰发誓，我对大清外交还有发言权，两国的和平繁荣将永远是我最大的愿望。"英国人热烈鼓掌。此后的日子，耆英更加开明，更富魅力。他在驻港英军海军司令举办的酒会上，引吭高歌。接下来，耆英和每位英国军官碰杯，并各唱歌一首，分寸把握得恰到好处。他的风度与胸襟，秒杀英国众军官。

然而，没过多久，英国人惊讶地发现，他们看到的一切，竟然都是假象。耆英的城府之深，把所有的人蒙蔽了。第二次鸦片战争爆发后，英国人占领了广州，查抄官方档案，查到了耆英给朝廷的密奏。密奏中，耆英凭空编造了许多细节，他曾当面承诺的许多英方的要求，在密奏上竟然只字未提。

天津谈判时，朝廷又隆重推出耆英出场，与他的"英国老朋友"会谈。当时英国人就扬言只要耆英在场，大家就不谈判了。耆英因畏罪擅自回京，咸丰皇帝令其自杀。

## 诗性智慧

无论多么老谋深算，都要以诚实守信为前提。做人要诚实守信的道理我们都知道，但许多人没有做到知行如一，因为背后的"为什么"没有弄清楚。今天我们明白了客观的物质世界是不以人的主观意志为转移的，比如人类多少关于日月星辰的美好传说都无法改变宇宙的客观存在，同样道理，我们的主观意志根本无法改变客观事实，谁不实事求是，不讲诚信，必定破坏自己的形象而失信于人，受到规律的惩罚。比如你想指鹿为马，鹿根本不会因此变为马。所以，谎言和欺骗也许会让人暂时达到某种目的，甚至拥有耀眼的光环，但谎言终将被揭穿，一旦被揭穿，目的就达不到了，光环也必会消失，这样的人将会暗淡无光。再说，一句谎言必须用十句谎言来圆，后面的十句谎言就必须用一百句谎言来圆，那么说谎的人就将会永远生活在无穷无尽的谎言中，这是一种扭曲且没有尊严的生活。所以有句话说得好，不说谎的最大好处就是不用记得自己说过什么话。因此，诚信做人是一种品格，更是一种智慧。

### 思考

1. 你认为假广告能一直欺骗大家吗？
2. 有没有想过，虚报年龄、身高这些客观事实，最后会影响什么？

## 延伸阅读

### 犹太人的智慧之一——诚信

世界上有这样一群人，他们最精明、最勤劳、最坚忍。他们在世界人口中所占的比例仅为0.3%，但却掌握着世界经济的命脉，获得了17%的诺贝尔奖，赚取了世界上30%以上的财富。他们是谁？他们就是犹太人。犹太人的确是一个伟大的民族。在美国200名最有影响的名人中，犹太人占一半；在美国名牌大学教授中，犹太人占1/3；在美国律师中，犹太人占1/4；在美国文学、戏剧、音乐的一流作家，犹太人占60%。全球最有钱的企业家中，犹太人占一半；美国的百万富翁中，犹太人占1/3；《福布斯》美国富豪榜前40名中，犹太人占18名；美国国会参议员中，犹太人占10名；美国国会众议员中，犹太人占27名。石油大王洛克菲勒、金融大鳄索罗斯、华尔街的金融巨子摩根、红色资本家哈默、报界之王普利策……这些站在金字塔尖的人都是犹太人的杰出代表。犹太人的成功是有一些秘诀的，其中一个就是——诚信是根本。

犹太人在经商中最注重契约。在全世界商界中，犹太商人的重信守约是有口皆碑的。他们一经签订契约，不论发生任何问题，决不毁约。他们认为"契约"是上帝的约定，由于普遍重信守约，他们相互之间做生意时经常连合同也不需要。口头的允诺也有足够的约束力，因为"神听得见"。犹太人信守合约几乎可以达到令人吃惊的地步。在做生意时，他们从来都是丝毫不让、分厘必赚，但若是在契约面前，他们纵使吃大亏，也要绝对遵守。他们从来都不毁约，却常常在不改变契约的前提下，巧妙地变通契约，为自己所用。因为在商场上，在他们看来关键问题不在于道德不道德，而在于合法不合法。在营销活动中，同样需要诚信营销，遵守游戏规则，与营销利益相关者建立互信的合作伙伴关系，用真诚去打动顾客，以诚信为根本。

## 2. 正确处理嫉妒情绪

生活在世间，只要你对欲望，对物质有追求，你就肯定会跟别人比较，你一旦跟别人比较，就会产生不平衡感，进而产生嫉妒的感觉，所以说，嫉妒是一种非常正常的感觉。有时候适当的嫉妒可以使你看清自己的欲望。但是嫉妒情绪是危险的，香港作家梁凤仪曾说过，嫉妒比愤怒和仇恨都可怕！所以需要我们自己的调节，以降低其危险系数。

### 诗性智慧

嫉妒是人类普遍存在的一种社交情绪，有哲学家说它是一种最不幸的情绪，它充分体现了人性的弱点。嫉妒跟美慕都是觉得别人比自己好，只是美慕希望的是被带动，而嫉妒希望的是能压制人家，如果别人成功，自己就会不满和愤恨。这是主观的不恰当的欲望，是注定无法实现的。因为吃不到葡萄说葡萄酸，葡萄不会因此而改变美味，事实是不会因为某个人的主观意愿而改变的。嫉妒者往往表现为愤怒、骄傲或冷漠，说些酸溜溜的话，但通常只是明明白白地告诉他人，他觉得自己不如对方，心里难受了！显然就是自己出卖自己。有的嫉妒者还会采取极端的手段来破坏或者伤害他人，但时间也会证明真相，结果希望别人不幸的嫉妒者同样会遭受不幸。所以，强烈嫉妒是弱者的表现，也是很没智慧的表现。但普遍认为，压制嫉妒的行为容易，压制嫉妒的情绪却很难。其实，这种情绪在一定程度上是可以克服的。通过今天的学习，我们明白了主观意志改变不了客观事实这个道理之后，就要提高修养，学会理智地控制自己的嫉妒情绪，看到别人的好，学会用真诚的赞美代替负能量的嫉妒，这样不但可以展现自己的内在美而使自己拥有另一种优势，也不会因为嫉妒而伤害了彼此感情。当你练习多次之后，你慢慢就会喜欢上这种对自己毫发无损却又让人开阔舒畅的体验了。嫉妒是人性，不因为嫉妒而失态乃至泄恨则是教养。我们无法压抑人性，但可以做到有教养。

### 三、客观实际是人生选择的前提和基础

1. 客观实际包括个人的主客观条件

要做出正确的人生选择，走好人生路，就必须从自身的客观实际出发，也要从所处的社会历史条件出发，为自己的人生定位。

**延伸阅读**

人生，需要定位。正确的定位将会帮助你的事业，错误的定位将会颠覆你的壮举。要知道，你的手臂再长，也够不着天空太阳，你的力气再大，也举不起千斤物体。如果你是一位耕作的农民，那请你首先考虑米满粮仓。若没有特殊的机会，就不要奢望靠销售珠宝发财。如果你是一位天才的诗人，那请你首先推敲名言佳句。若没有特殊的爱好，就不要幻想成为IT行业的精英领袖。人生，各有所长、各有所短。那么，请尽量避免用你的短处"攻城略地"。山峰有高低，河流有缓急，人的能力也各有不同，正是这种差异，构成了丰富多彩的人生世界。人生，需要定位，如果没有做官的能耐，就不要匆忙去编撰"施政大纲"，如果没有经商的才能，就不要匆忙到银行贷款。定位人生，就是要剥离依附于人生上的浮躁外衣，领悟平凡人生的真谛。定位人生，并不反对努力，并不否定奋斗，只是告诫我们，要懂得站在现实的起点上，瞄准可行的目标，启动远航的帆船。定位人生，将增加你成功的机遇，点亮你生活的精彩。

**哲理故事**

### 世界上第一家家政公司的诞生

　　世界上第一家家政公司产生于美国。当年，一个刚刚离婚的女子带着两个年龄尚小的孩子，一个刚会走路，一个才几个月，因为孩子小不能上幼儿园，她无法抽身出去工作，于是向政府申请救济，靠救济金养活自己和两个孩子。但是有一天，当她站在超市收银台前用救济金付款时，她听到了后面队伍传来了鄙夷的声音："社会垃圾！"这不是在骂自己吗？她觉得那一声斥责就像一把利剑穿透她的胸膛。一定要靠自己的双手挣钱！这是她经历这一次事件之后的决定！可是做什么好呢？自己没文化、没技能，两个小孩必须要照看，去哪里找工作？最后，她认真分析了自己的优势：小时候爷爷开了一家理发店，自己常常过去帮忙扫地，爷爷总是竖起大拇指夸自己扫地干净。扫地干净！这就是自己的优点！那扫地干净能做什么？现在上班族回家经常因为太累无法顾及家里的卫生，自己能否尝试到这些人家里帮忙搞卫生？于是她在小区的公告栏贴出一张用工公告。很快，她收到了不少预订电话。于是工作开始了。她把两个孩子放到一只大桶里，上谁家搞卫生都带上他们，这样就兼顾了孩子和工作了。她的工作做得好极了，越来越多的人请她上门服务，因为忙不过来，她灵机一动请了几个失业的人员帮忙，后来就成立了全球第一家家政公司。当家政公司风靡全球之后，她选择了去当一名慈善家。

 **思考与体验**

　　你认为成就这位慈善家事业成功的关键一步是什么？

 **诗性智慧**

　　当你在衡量自己有没有优势的时候，不妨先和身边的人比较一下，看看具不具备和别人不一样的优势。有和别人不一样的优点，哪怕是很微不足道的优点，也是你可以依靠的优势。另外，在给自己定位的时候，还要持积极的态度，因为不管你怎样给自己定位，最终我们的人生就是跟着定位走。比如，你坚决认为自己不够聪明，那么当你真的给自己贴上这个标签之后，你会发现自己真的无法聪明起来。改变标签还真不是一件容易的事，所以，给自己消极的定位，其实就是在扼杀很多可能的机会。人的潜能是无穷的，给自己一个积极的定位，你一定会是最棒的！

2. 客观实际还包括社会的需要和发展的规律

### 哲理故事

#### 鲁迅的弃医从文

鲁迅是我国现代最伟大的文学家、革命家和思想家，他一直将个人的志愿与祖国的前途命运紧密结合在一起。早年为了救治羸弱的国民，他选择去日本仙台医学专科学校学习。但有一天，在上课时，教室里放映的片子里一个被说成是俄国侦探的中国人，即将被手持钢刀的日本士兵砍头示众，而许多站在周围观看的中国人，虽然和日本人一样身强体壮，但个个无动于衷，脸上全是麻木的神情。这时身边一名日本学生说："看这些中国人麻木的样子，就知道中国一定会灭亡！"鲁迅听到这话忽地站起来向那说话的日本人投去两道威严不屈的目光，然后昂首挺胸地走出了教室。他的心里像大海一样汹涌澎湃。一个被五花大绑的中国人、一群麻木不仁的看客——在脑海闪过，鲁迅想到如果中国人的思想不觉悟，即使治好了他们的病，也只是做毫无意义的示众材料和看客。"国人的病在于心不在于身！"这是他的结论。他终于下定决心，弃医从文，用笔写文唤醒中国老百姓。从此，鲁迅把文学作为自己的目标，用手中的笔做武器，写出了《呐喊》《狂人日记》等许多作品，向黑暗的旧社会发起了挑战，唤醒了数以万计的中华儿女起来同反动派进行英勇斗争。

### 思考

鲁迅成功了，他的正义斗争取得了胜利。你认为他的成功跟他的选择有关吗？他选择的依据是什么？

3. 从实际出发，选择适合自己发展的人生道路

人生时时都面临着选择，大到选择什么职业、选择什么伴侣、选择什么样的教育方式教育自己的孩子，小到选择穿什么衣服、选择吃什么菜、选择什么交通工具等等。每一次的选择，都必须从实际出发，善于选择，善于取舍。

### 诗性智慧

许多人都喜欢走别人成功走过的路，期待着自己能获得与前人一样的荣耀，但是走着走着，却发现一切远非愿望中的那样——别人做起来兴趣盎然的事，在自己看来却兴味索然；别人能轻松跨越的障碍，在自己看来却如高山般难攀；别人乐此不

疲，自己却一天都难以坚持下去。世上的路有千万条，每个人都有一条属于他自己的路，只有属于自己的路才是充满阳光和风景的。许多时候，人受苦的根源就是来自于不清楚自己是谁，欲望超出本事，于是去攀附、追求那些不属于我们的东西。所以找到合适自己的位置，对一个人的成长至关重要。要知道人与人之间是千差万别的，为自己定位之前一定要先了解自己，了解自己的优势和梦想，了解自己想要努力的方向，这也是尊重客观现实的表现。要知道，骏马虽能奔跑千里，耕田不如牛；耕牛虽勤奋，看家不如狗。如果发现自己选择的路不适合自己，那就要尽早改变方向。

**归纳总结**

用本课所学的唯物主义基本原理分析下面几句话。
1. 若要人不知，除非己莫为。
2. 不要迷失在别人的评价里。
3. 强扭的瓜不甜。
4. 高薪的工作就是最值得你去追求的吗？
5. 说真话的最大好处就是不必记得你曾经说过什么。

**思考与训练**

1. 反思自己有没有出于某种不高尚的动机而说谎了，如果有，你觉得明智吗？请思考如何改正。
2. 根据本节课所学，请尝试改变自己的心理习惯，改嫉妒为真诚的赞美。
3. 认真梳理一下自己的优缺点，想想什么样的工作最适合现在的你。

# 第二课　物质运动与人生行动

世界上一切事物时时刻刻都处在运动和变化中，一成不变的东西是没有的。而相对不变的东西，实际上也是处于不断的运动和变化当中。从宏观世界到微观世界，从没有生命的无机界到有生命的有机界，一直到人类社会，都没有绝对不动、凝固不变的东西。

## 一、物质在运动中存在

### 1. 物质是运动的物质

#### （1）运动的含义

哲学上讲的运动具有极大的概括性和普遍性，是一般运动，而不是个别的具体运动形式。运动是指宇宙中一切事物的变化和过程，是物质的存在方式和根本属性。任何事物都在运动之中，都处于永不停止的运动变化之中。

### 延伸阅读

对宇宙星体运动的观察发现，织女星以每秒 14 公里的速度移近地球，牛郎星以每秒 16 公里的速度移近地球，有的恒星还以每秒 303 公里的高速移近地球，太阳以每秒 250 公里的速度绕银河系中心旋转；人们在一张卫星拍摄的照片上第一次看到彗星与太阳相撞。以上种种奇异的宇宙天体运动，有力地证明宇宙天体处于永恒的运动之中。

在短短的一秒钟内，种种事物的运动速度千差万别：人的头发可长 0.00003 毫米，芦苇生长 0.005 毫米，蜗牛爬行 1.5 毫米，人步行 1.4 米，梭鱼游动 4.5 米，羚羊奔跑 22 米，马奔跑 25 米，鸵鸟跑 33 米，燕子飞 70 米，高速列车行驶 120 米，喷气式飞机飞行 555 米，超音速飞机飞行 1000 米，地球自转 460 米，月球绕地球转 1000 米，地球绕太阳旋转 29.6 公里，太阳以 200 公里的速度参与银河系自转运动，声音在空气中传播 340 米，光波传送 30 万公里。

（2）运动是绝对的

物质是运动着的物质，没有不运动的物质，这说明运动是普遍的、永恒的，因而是绝对的。

人不能两次踏进同一条河流。
——赫拉克利特

坐地日行八万里，巡天遥看一千河。
——毛泽东《七律·送瘟神》

 **哲理故事**

### 刻舟求剑

有一个楚国人出门远行，他在乘船过江的时候，一不小心，把随身带着的剑落到江中的急流里去了，他急忙在船舷上做了记号，船上的人都替他着急，可他自己说："急什么，我做了记号的！"船继续前行，又有人催他说："再不下去找剑，这船越走越远，当心找不回来了。"楚国人依旧自信地说："不用急，不用急，记号刻在那儿呢。"船靠岸后，他顺着他刻有记号的地方下水去找剑。可是，白费了好大一阵工夫，结果毫无所获，还招来了众人的讥笑。

这则寓言告诉我们，用静止的眼光去看待不断发展变化的事物，必然要犯脱离实际的主观唯心主义错误。

（3）静止是相对的

静止是运动的特殊状态，是有条件的、暂时的、相对的。哲学上讲的静止，一是指事物之间的空间位置保持不变，二是指事物某一方面的性质在一定时期内基本不变。静止不是绝对的不运动，而是一种不显著的运动，是运动的特殊形式。运动的绝对性和静止的相对性是物质运动的两个属性。

物体是运动还是静止，要看相对于选定的参照物来说：一栋楼房或一棵树对地球来说，它们是静止的；但对太阳来说，它们却都在运动着。

 **哲理故事**

### 欧布里德借钱

诡辩家欧布里德向朋友借了两银子，说好一年后归还。一年期满以后，债主开始讨债。他说："你借我的钱，该还了"。可是欧布里德并无还款之意。他诡辩道："一切都是变化的，借钱的那个我已经不是现在的我了。所以，我没有借你的钱。向你还钱的人应该是一年前的我，而不是现在的我。"听了这种回答，债主气愤极了，狠狠地揍了他一顿。欧布里德感到吃了大亏，于是就将债主告到法官那里，让法官为他讨个公道。法官问道："你为什么要打人？"债主回答说："一切都是变化的，打人的我已经不是现在的我了。因此，我并没有打人。"

欧布里德只承认事物的绝对运动，却否认了事物相对静止的一面，从而把一切事物看成是瞬息万变、不可捉摸的。

(4) 运动是有规律的

事物的运动都是有规律的，如生老病死；种瓜得瓜，种豆得豆；昼夜交替；等等。所谓规律，就是事物运动过程中固有的、本质的、必然的、稳定的联系。规律是客观的，是不以人的意志为转移的；它既不能被创造，也不能被消灭。规律是普遍的，自然界、人类社会和人的思维，在其运动变化和发展的过程中，都遵循其固有的规律。没有规律的物质运动是不存在的，没有规律的世界是不可思议的。

天行有常，不为尧存，不为桀亡。
——荀况

### 哲理故事

#### "圣神皇帝"的无奈

武则天是中国历史上唯一的女皇，自称"圣神皇帝"。民间传说，一日武则天在花园赏雪，忽然有花开的清香扑鼻而来，原来是腊梅开了。武则天大悦，下了一道御旨，令园中各种花跟腊梅一样为她开放。百花仙子迫于武则天的权势，不敢违抗。只有牡丹仙子坚强不屈，拒不从命。第二天一大早，各处群花大放，真是锦绣乾坤，花花世界。仔细看去，只有牡丹含苞未开。武则天大怒，认为她平时对牡丹最好，牡丹却如此负恩，传令将牡丹贬去洛阳。"所以天下牡丹，至今唯有洛阳最盛。"

自然界是有时有序的，花卉开放也各有其时，在不改变其他条件的情况下，让春、夏、秋、冬不同季节开放的花，同时开放，即使"圣神皇帝"也是办不到的。因为这样做违背了自然规律。

然而，在今天，人们通过科学研究，认识了百花的生长规律，懂得了花开取决于日照、温度，可以创造或破坏花开的条件，提前或延后花开。这并不是人为地改变了它们花开的规律，恰恰是在认识规律的基础上，利用规律为自己服务，让鲜花按照人们的愿望开放，让我们的生活更加绚丽多彩。

2. 运动是物质的运动

物质是运动的承担者，物质和运动不可分，脱离了物质的所谓"纯粹"运动是不存在的。

 **哲理故事**

### 风动，幡动，还是心动

慧能，佛教禅宗第六代祖师。《坛经》记载了一个关于他的故事。慧能和尚到广州法胜寺去的时候，正好赶上印宗法师在这里讲《涅槃经》，和尚们都在寺门内坐着静心听讲。忽然一阵风，把悬挂在佛像前面的幡吹动了，飘过来，飘过去。有两个和尚看见了，议论起来。一个和尚说："你看，风在动。"另一个说："不对，那不是风在动，而是幡在动。"是风动还是幡动，两个人争论不休。慧能听到了，便插嘴说："那既不是风动，也不是幡动，而是你们的心在动。"

 **思考**

慧能和尚的话对不对？错误在哪里？

慧能和尚认为，"心"，即人的主观意识就是一切，我的心是怎样的，外界事物就是怎样的。由于我的心在动，所以才有风动、幡动。推而广之，整个世界的运动也是由我的心动决定的。慧能和尚离开物质谈运动，把意识当作是运动的主体，否认物质（风、幡）是运动的主体，最终走向唯心主义。在实践中，我们只有把物质和运动结合起来理解才是辩证唯物主义的物质运动观。

## 二、哲理启迪

1. 物质运动的绝对性原理给我们的启示

（1）早恋不可取

 **哲理故事**

### 刮目相看

三国时期孙权麾下的少将吕蒙，勇猛善战却不喜好读书。在孙权的开导和激将下，他开始勤奋学习，博览群书。鲁肃继周瑜掌管吴军后，有一次途径吕蒙营地，便去会见吕蒙。鲁肃还是用老眼光看吕蒙，认为他有勇无谋，但当吕蒙纵论天下之事时，他的真知灼见令鲁肃非常震惊，鲁肃叹道："我一向认为老弟只有武略，时至今日，老弟学识出众，确非吴下阿蒙了！"吕蒙说："士别三日当刮目相看……"接着，为对付近邻的关羽，吕蒙为鲁肃献上了三条计策，都被鲁肃接受了。

以上故事告诉我们：一个人总是在不断变化的，我们不能用老眼光去看待他，同时我们也要知道，正处于青春期的我们，身心变化是很快的，不要过早地把自己和异性绑定在一起。

### 情境体验

1. 逛街买衣服，你会进第一家店就马上把衣服买下来吗？
2. 你现在心目中的好男（女）孩形象跟以前的有没有不同？
3. 恋爱之后觉得对方不适合你，你会潇洒地分手吗？

### 诗性智慧

当进入青春期之后，每个同学都渴望有一些异性朋友，这是很正常的，男女生正常交往可以取长补短，促进大家共同进步，男女生之间的交往是个性全面发展的需要，同时可以帮助同学们去了解异性世界，去掌握与异性沟通交流的技巧，迈入社会后可以与形形色色的人交往。但是，在与异性交往中，我们要保持适度的距离，不要陷入早恋。一方面，现阶段我们有更为重要的任务，学习知识，掌握技能，早恋往往会使我们无法全心投入学习，从而影响学习成绩；另一方面，青少年是人生中身心发展最快的阶段，因此早恋关系往往变化很大，且极不稳定。青少年之间的早恋关系缺乏持久性，一般不会持续很长时间。也许有人会说，到时不合适了再分手也可以啊！可是感情是两个人的事情，你可以潇洒分手，对方不一定能做到，很多悲剧就是源于一方的不甘和不舍。所以，青少年朋友们，青涩的苹果请不要采摘。

（2）我们每天都在成长

你有没有想过这些问题呢？我是谁？我是一个什么样的人？苏格拉底把"认识自我"看作"哲学的最高追求"。认识自我是人生的起点，人的一生是一个不断了解自我、发展自我、完善自我的过程。只有正确认识自我，才能做出符合自己实际的人生选择，找到适合自己特点的人生发展道路，做自己人生的主人。一个人正确认识自己、接受自己程度的高低，决定着他适应社会能力的强弱。

**思考**

1. 生活中你扮演的是什么角色？作为中职生，你身上有没有以前所没有的责任？
2. 跟去年相比，你取得了哪些进步？
3. 为了让明日的自己更强大，你还需要哪些方面的努力？

 **诗性智慧**

> 很多人会把自己想得太卑微，他们常用的借口是："唉，我们能力太差！"威廉·詹姆斯曾说过：一般人的心智能力使用率不超过10%，大部分人不太了解自己有些什么才能。所以，很多人的不自信仅仅是因为没有真正地认识自己。杰出人士之所以杰出，正是因为不管他们曾经偏离过自己多远，最终都会实现个性的回归——做回自己。所以，我们要相信随着自己年龄渐长，自我发现、自我教育的能力会逐渐增强，你将可以通过自己的努力收获一个理想的自己。

（3）别再为打翻的牛奶哭泣

 **哲理故事**

别再为打翻的牛奶哭泣

桑德斯现在十几岁了，可他还是经常会为各种各样的事情发愁，比如，他会担心昨天刚犯下的错误，还会在上次考试之后一直放心不下那张卷子，在夜里辗转反侧，担心考试会不及格。他想着这样那样的事，自己做过的，没做好的，他希望自己当初没有那么做，他很想回到从前，因为他觉得上次那些话讲得太差劲了，如果再重新来过，他肯定会说得更好。

这一天早上是实验课，全班同学一起来到了实验室。他们的老师叫保罗，是一位博士。保罗老师把一瓶牛奶放在桌子边上，全班同学都静静地望着那瓶牛奶，没人知道这瓶牛奶和生理卫生课有什么关系。

就在这时，保罗老师突然站了起来，然后猛力地扇了奶瓶一巴掌，把牛奶打碎在了水槽里。大家开始惊慌失措了，纷纷议论开来：牛奶被打翻了，多好的一瓶牛奶，打碎了，好可惜啊……

这时，保罗老师用很大的声音说："不要为打翻的牛奶而哭泣。"他让所有的人都到水槽边上去，好好看看那瓶被打翻的牛奶。

他说："我希望你们能够仔细看，也希望你们可以牢记一生。这堂课很重要，它告诉我们，牛奶已经没有了，漏光了。不管你们怎么着急，或者向我发牢骚，或者向我抱怨，都没有用，不能挽回一滴。明明之前多用一点预防的方法，就可以保住这瓶牛奶。可是，现在太迟了，我们所能做的，就是接受这个现实，然后忘记这件事情。丢开它，把注意力集中在下一件事情上。"

别为打翻的牛奶哭泣。我们的一生，必须不断地接受和适应那些无法避免的事实。谁知道下一秒会发生什么呢？

诗性智慧

> 很多人长期沉湎于对过去的回忆中，特别是不愉快的事情，不能自拔。领养的宠物走失了，我们会难过好一阵子，毕竟那个小可爱陪伴我们走过太多的日子；亲爱的人过世了，我们会难过好一阵子，毕竟那个人曾经在我们的生命中伫立许久。有人喜欢沉浸在悲痛中，永远为了令人惋惜的事情而难过。这是不健康的心理，容易导致心理疾病。要知道，过去的事情是无法改变的，跟无法改变的事实较劲、纠缠不清是没有意义的。时光在流逝，生活在继续，时事在不断地变化。如果学会"放下"，积极地去面对现实中发生的事情，那么很快我们就会发现，世界变了模样，一切都重新开始了，有很多美好的事物在等着我们去追求。如果总是深陷于记忆的泥沼，就会浪费我们本来应该用来思考未来、探索未来、为梦想努力打拼的宝贵时光，也就体会不到前方的世界有多么的精彩，这是非常可惜的。记住：别再为打翻的牛奶哭泣。

## 2. 相对静止的原理给我们的启示

紧跟时代的脉搏，人生贵在立即行动。如果别人都在进步，你却停滞不前，这意味着什么呢？

诗性智慧

> 这意味着落后。因此，我们要紧跟时代的脉搏。世界在不断向前发展，我们的生活也日新月异，没有什么事情是一成不变的。步履匆匆的岁月带走了落后和无知，迎来了进步和文明，如果我们对外界的变化视而不见，只顾埋头苦干，固步自封、墨守成规、因循守旧，那么以时代潮流作为参照物，我们其实就是在不断地退步，就无法在社会发展中把握机遇，铸就成功。想要不被时代和社会的潮流淘汰，关键之一就是不断学习，获取知识。和时间赛跑吧！每天挤出一点点时间学习，明天的你一定会为自己的坚持感到庆幸，昨天的努力就是今天的收获，而今天的坚持又将帮助我们取得明天的成功。记住：活到老学到老，才不会成为落伍者。

**延伸阅读**

汤姆·霍普金斯是世界一流的销售大师,全球推销员的典范,被美国报刊称为国际销售界的传奇冠军,是吉尼斯世界房地产销售最高纪录保持者。

一次,有一个人问他:"请问您成功的秘诀到底是什么?"

他说:"马上行动。"

"当您遇到困难的时候,请问您都是如何处理的?"

他说:"马上行动。"

"当您遇到挫折的时候,您是如何克服的?"

他说:"马上行动。"

"在未来当您遇到瓶颈的时候,您要如何突破?"

他说:"马上行动。"

"假如您要分享您的成功秘诀给全世界每一个人,那您要告诉他们什么?"

他说:"马上行动。"

人生不仅需要理想,需要智慧,还需要勇敢。人生中的各种实际问题也只有通过自己的实际行动才能得到解决。人生是短暂的,要在有限的时间里实现自己的人生理想,就必须立刻行动,不能把自己的目标和理想停留在口号上。

3. 物质运动的规律性原理给我们的启示

人生行动必须遵循客观规律,因为规律是客观的,不以人的意志为转移的。

 **哲理故事**

### 拔苗助长

古时候宋国有个农夫,种了稻苗后,便希望能早早收成。每天他到稻田时,发觉那些稻苗长得非常慢。他等得很不耐烦,心想:"怎么样才能使稻苗长得高,长很快呢?"想了又想,他终于想到一个"最佳方法",就是将稻苗拔高几分。经过一番辛劳后,他满意地扛着锄头回家休息。然后回去对家里的人说:"今天可把我累坏了,我帮助稻苗长高了一大截!"他儿子赶快跑到地里去一看,禾苗全都枯死了。

《拔苗助长》的故事告诉我们:只有从客观实际出发,按客观规律办事,才能收到预想的成效;反之,不但达不到预想效果,还会把事情搞糟。任何违背客观规律的行为都要遭到规律的惩罚，因为规律是客观的，不以人的意志为转移，不管你是否认识到，主观上是否承认或喜欢，它都存在并发生作用。俗语说：劈柴不照纹，累死劈柴人。

规律的客观性表现在人们行动的结果中。当人们的行动违反规律，规律的客观性表现为人们行动的破坏性甚至灾难性的后果；当人们的行动符合规律，规律的客观性表现为人们预期目的的实现。人生发展的过程是不断修正自己目的的过程，是使目的更接近现实并不断转化为现实的过程，而不是修正规律的过程。

**思考**
1. 你知道近亲结婚的后果吗？
2. 你知道破坏自然界的生态平衡有什么后果吗？

**归纳总结**
下列现象说明了什么道理？
1. 生物体都有新陈代谢。
2. 寒暑往来，四季更替。
3. 小明长高了好多，但我们没有因此认不出他。
4. 思维活动的主体是大脑。

# 第三课　意识的本质及人的主观能动性

马克思主义哲学总结科学发展的成就，运用辩证思维，从物质与意识的关系上，科学地说明了意识的本质：意识是高度发展的物质——人脑的机能；意识是人脑对客观世界的能动的反映。自觉能动性是人特有的能力，是人区别于动物的根本特点。

## 一、意识的本质

### 1. 意识是高度发展的物质——人脑的机能

意识是人脑的机能，也就是说人脑是从事意识活动的器官，意识是人脑活动的结果，没有大脑的思维是不存在的，正常发育的大脑为意识活动提供了物质基础。人的大脑是最为复杂的物质，是物质发展的最高产物。获得这样的认识，人类走过了漫长的探索道路。

古人认为灵魂是住在心里的，从一些字如"思""想""念"等字的造字以及"心想事成""随心所欲"等成语可以看出来，甚至认为思考跟眉头有关，如"眉头一皱，计上心来"。现在，意识是人脑的机能，这一论断已经得到了人们的生活经验、临床的实践以及从心理发生到发展的过程、脑解剖和生理过程的科学研究所获得的大量资料的证明。

那么，是否有了人脑就一定会产生意识呢？我们先来看看一个关于印度狼孩的故事。

**哲理故事**

#### 印度狼孩的故事

1920年，在印度的森林里，人们发现了两个生活在狼群中的女孩。其中大的七八岁，小的约两岁。这两个小女孩被送到孤儿院去抚养，还给她们取了名字，大的叫卡玛拉，小的叫阿玛拉。到了第二年阿玛拉死了，而卡玛拉一直活到1929年。这就是曾经轰动一时的"狼孩"一事。七八岁的卡玛拉刚被发现时，她只懂得一般6个月婴儿所懂得的事，花了很大气力都不能使她适应人类的生活方式，2年后才会直立，6年后才艰难地学会独立行走，但快跑时还得四肢并用。直到死也未能真正学会讲话：4年内只学会6个词，听懂几句简单的话，7年时才学会45个词并勉强地学几句话。好不容易训练到会用杯子喝水，但渴的时候还是用嘴巴直接在地面舔水，一到晚上总是发出像狼一样的嚎叫声。在最后的3年中，卡玛拉终于学会在晚上睡觉，她也怕黑暗了。很不幸，就在她开始朝人的生活习性迈进时，她死去了。辛格估计，卡玛拉死时16岁左右，但她的智力只相当于三四岁的孩子！

人们希望卡马拉恢复人性之后能回忆起狼那些年是如何对待她的，以加深对狼性的了解，但这一愿望终于彻底落空。"狼孩"的事实，证明了人类的知识和才能并非天赋的、生来就有的，所以仅仅有人脑还不一定能产生意识。

2. 客观世界是意识的内容

人脑是意识的器官，但不是意识的源泉。人脑产生意识类似于照相机拍照，拍照必须有对象，没有对象，拍出来的只是一片空白。人脑产生意识的对象就是客观世界。意识是人脑对客观世界的反映，意识来源于客观世界。不但科学的、正确的思想是对客观世界的反映，就是错误的思想如各种荒唐的幻想及各种迷信观念等，都可以在客观物质世界中找到它产生的根源。错误的思想也来源于客观世界，只不过是对客观世界的一种歪曲的颠倒的反映。

人不是孤立的，而是高度社会化了的，脱离了人类的社会环境，脱离了人类的集体生活就形成不了人所固有的特点。而人脑是物质世界长期发展的产物，它本身不会自动产生意识，它的原材料来自客观外界，来自人们的社会实践。所以，这种社会环境倘若从小丧失了，人类特有的习性、智力和才能就发展不了，一如"狼孩"刚被发现时那样：有嘴不会说话，有脑不会思维，人和野兽的区别也就泯灭了。从狼孩的故事中我们也看到了，童年的成长环境对于一个人来说至关重要。人的一生中，儿童时期在生理上和心理上都是一个迅速发展的时期，其发展变化既迅速又显著，对环境改善和负面影响最为敏感，且早期不良教养的后果可能持续终身。

近朱者赤，近墨者黑。
——孟子

蓬生麻中，不扶而直；白沙在涅，与之俱黑。
——荀子

橘生淮南则为橘，生于淮北则为枳。
——《晏子春秋》

 诗性智慧

> 狼孩的故事也说明了意识产生的原材料来自于客观外界，来自于社会实践，儿童期成长环境特别是家庭环境的影响的确可以伴随人的一生。可以这样说，家庭是孩子的第一也是最高学府，父母家长是孩子的第一任也是相伴最长久的老师。一个人的心灵力量从0岁开始孕育、发芽，到12岁基本成形。0至12岁是人生的基础和关键，内在力量强大的小孩，大多都有出息。出类拔萃的孩子大多是在充满爱、信任、鼓励和支持环境下长大的。

## 二、意识的本质给我们的启示

意识是人脑对客观世界的反映，人脑和客观世界，两者对于意识的形成缺一不可。而这两者对于每个人，特别是孩子来说都有不可选择性，所以古希腊哲学家柏拉图关于

"每一个坏人都不是出于其本人的意愿而成为坏人的"的论断就不难理解了。

### 1. 正确看待自己

正确认识自己的心性。你是否不满意自己的个性？如果是，那说明你是一个自爱的人，因为没有对自己的爱，即没有所谓的满不满意。但对自己不满就很难自信，这在心理学上叫作没有自我接纳，即不能接受本来的我。做不到自我接纳身心便无法和谐，将会产生各种各样的心理和人际关系的问题，这样是对自己不公平的。

 **诗性智慧**

> 每个人性格上都有一些缺点，而每个人都不希望自己有缺点，可见，性格上的缺点都不是自己选择而来的，也就是说，缺点是被强加的。我们都带着一定的不完美来到这个世界，且都是在意识还没开启、潜意识却很发达的童年期受不可控的环境影响而产生了各种各样的人格。从这个意义上说，在大家这个年龄，对自己的缺点是不用负多少责任的。只有我们对这一点有清醒的判断，才算得上真正地认识自己，才能做到自我接纳而逐步趋向成熟，才能放下自卑，从心理上去接受、超越这些缺点。自我接纳不是要你放弃改变和奋斗，而是只有在接纳自我的基础上我们才可以更好地改变和奋发。而且，不管你有着什么样的缺点，记住：每个人都有独一无二的价值，关键是你要客观地看待、接受自己，然后选择真诚、追求善良、向往美好，那你就可以大声地说："我和你一样！"

### 2. 善待身边的人

最不容易善待的人往往就是最需要善待的人。

 **哲理故事**

有一个聪明的小和尚，他对自己的头脑、学问、智慧非常自信。聪明人当然愿意和聪明人交流，那的确是一件很快乐的事。然而，如果遇到学识浅薄、思维混乱、说话不清的师兄弟，他就会气急败坏，大发脾气，常常把一句"你怎么还不明白？你猪脑袋啊？"挂在嘴边。师父为此批评了他很多次，他每次都忏悔认错，但一遇到类似情况，仍忍不住要发脾气。一天，小和尚上山去打柴，柴打得特别多，他的心情也很好。回去的路上他累了，就放下柴担到溪边喝点水，洗把脸。这时小强来了。小强是山里的一只小猴，经常来这边玩，也经常碰到上山打柴的小和尚。时日一久，他们就成了好朋友。小和尚洗完脸，想要拿汗巾擦脸，却发现汗巾还挂在另一边的柴担上，他确实也很累了，于是就指着柴担，示意让小强替他去拿汗巾。小强屁颠屁颠地跑过去，从柴担上抽了一根木柴，给小和尚拿了过来。小和尚忍不住笑了，又让小强去拿，并用手比划方形，嘴里说着："汗巾、汗巾。"小强又去，拿回来的还是木柴。小和尚笑得更开心了，这次他拿一块石头丢过去，正好丢到汗巾上，然后指给小强："看到了吧，拿那个汗巾。"小强再去，拿回来的还是木柴，而且还满脸得意洋洋的表情，好像在说："你看我多能干！"看着小强滑稽的样子，小和尚笑得前仰后合。回来以后，小和尚把这件有趣的事告诉了方丈。方丈就问他："你跟师弟们讲道理，他们听不明白，你就会发脾气。可是小强听不明白，你为什么反而觉得有趣呢？"小和尚一愣，回答说："小强听不懂很正常的，因为他是猴。可师弟他们是人，他们不应该听不懂我说的道理。"方丈说："应该？什么叫作应该？每个人天生的悟性不同，悟性好的人，并不是他做对了什么；悟性差的人，也不是他的过错。就算是悟性相同，后天所处的环境也不一样。出生在书香门第的人，并不是他做对了什么，出生于贩夫走卒家庭的人，也不是他的过错。就算是出生环境一样的人，所遇到的师父又不一样。遇到一等和尚的，未必是他做对了什么；遇到酒肉和尚的，未必是他的过错。人与人有这样大的差异，你凭什么就能说谁'应该'怎么样呢？"小和尚听到这里，低头不语。方丈接着又说："更何况，天道变化，人世无常。今天他比你差，你可以看不起他，明天他若比你强了呢？那时候他再来看不起你，你心里感受又如何？"

### 诗性智慧

除了正确对待自己，我们还要学会正确对待他人。任何人都会遭遇成长中的无奈，如先天的及后天环境的某些局限，所以哲学家柏拉图说："每一个坏人都不是出于其本人的意愿而成为坏人的！"对于同学的优缺点，我们要持客观的态度，对于非原则性的、跟他的不努力无关的缺点，我们要给予体谅、宽容。对于客观的优点，如美貌、聪明，尤其是孩子，不用给予太多的赞美，因为那也许会误导人家，把先天的优势当作炫耀的资本。另外，心理学研究发现，成年之后，特别是25岁之后，人就有了较强的自我教育和自我改造能力，记得要努力完善自我哦，因为那个时候大家凭借一个人的素质来评判的就是他的修养水平而不是教养水平了。

3. 善待孩子的童年

童年是一个人人格形成的关键期，童年得到的爱和关注如果是不正确的，将会形成一些人格障碍，从而影响其人生发展。

**思考**

1. 你的家长曾经拿你跟别的孩子比吗？你感受如何？
2. 一个孩子不用通过努力就拥有的优势如美貌，你觉得值得夸奖吗？
3. 为什么说好孩子是夸出来的，坏孩子是骂出来的？对此你有什么体会？
4. 你认为轻音乐和故事对于孩子的成长有多大意义？

**哲理故事**

### 陶朱公救子

范蠡是春秋时期的商人，史称陶朱公。陶朱公的二儿子因为杀人被楚国拘捕了。陶朱公决定派小儿子去探望二儿子，并让他带一千镒黄金。大儿子说："我是长子，现在弟弟犯了罪，父亲不派我去，却派小弟，说明我是不肖之子。"说完就要自杀。不得已，陶朱公只好派大儿子去，并写了一封信要他连同黄金一并送给旧日的好友庄生。庄生由于廉洁正直而闻名于楚国，从楚王至下，对他都很尊重。庄生找了一个机会入宫见楚王，以天象有变将对楚国有危害为由劝楚王实行德政，楚王于是准备实行大赦。接受了贿赂的楚国达官贵人把这一消息告诉了老大。他寻思，既然实行大赦，弟弟自然可以释放了，那一千镒黄金不就等于白白给庄生了吗？于是他又返回庄生家要回黄金，并庆幸黄金失而复得。

庄生因为遭到陶朱公长子的愚弄而深感羞辱，他又入宫会见楚王，说："现在，外面很多人都在议论陶地富翁朱公的儿子杀人后被关在楚国，他家派人用金钱贿赂君王左右的人，因此并不是君王体恤楚国人而实行大赦，而是因为陶朱公儿子才大赦的。"楚王听罢大怒，于是他命令先杀掉陶朱公的儿子，之后才下达大赦的诏令。

长子只好带着弟弟的尸体回家了。母亲和乡邻们都十分悲痛，只有陶朱公笑着说："我就知道老大救不了老二，不是他不爱自己的弟弟，只是他从小就与我生活在一起，经受过各种苦难，知道生活的艰难，所以把钱财看得很重。而老三一生下来就在蜜罐子里，哪里知道钱财来得不易，弃之也毫不吝惜，本来我是打算让他去的。老大不能弃财，所以最终害了自己的弟弟，这很合乎事理的，不要悲痛了。我日夜盼的也就是老二的尸首能回来。"

### 诗性智慧

孩子来到这个世界，在成长的道路上所受到的伤害，大多来自于父母和家庭成员的无意识行为。这些无心的伤害会在孩子潜意识里形成严重的心灵创伤，伴随其终身，甚至，每个人以后与自己子女的关系，都在潜移默化中受到自己与父母关系的投射作用。所以，家庭对人的影响非常重大。谨记：诸事皆可实验，唯教子不可重来。对于孩子来讲，好的家庭环境不是物质条件有多好，而是家长的教育素质高。学习了这个道理，不是要大家责备自己的父母，要他们为自己的幸福负责。要知道，天下没有不爱自己孩子的父母，每位父母时时刻刻都在力所能及的范围内尽自己最大的努力关爱自己的子女，只是爱的方式有对错，或者是能力所限无法顾及孩子而已。张爱玲说过："人世间没有哪一种爱不是千疮百孔的。"成熟的人都是懂得宽容、接受遗憾的。我们明白了家庭对人的重要性，更多的是要从中知道我们对下一代的责任。孩子看起来离你很远，其实不远，你毕业后也许不出几年，你的孩子就出世了，你没有学好文化，你没有一定的精神素养，对你的后代影响重大。心理学家早就发现，阅历是会遗传的。你的教育理念、你的文化水平、你的阅历、你思考些什么问题、如何思考，都将对孩子的一生产生重大的影响。我们不能说没文化、没见识的父母就培养不出好孩子，但有文化、有见识的父母能给孩子带来更多的帮助。所以，在你的孩子到来之前，你要准备的不单单是物质条件，更重要的是精神条件！

## 三、人的主观能动性

人的主观能动性又称意识的能动性，是指人类所特有的能动地反映世界和改造世界的能力和作用。具有自觉的能动性是人区别于动物的根本特点。它主要表现在以下几个方面：

### 1. 意识活动具有目的性和计划性

人在行动之前确立目的、制定计划，是人的能动性的重要表现，也是人与动物的重要区别之一。有人说："最高明的蜜蜂也比不上人类最蹩脚的建筑师。"因为蜜蜂的活动没有目的、计划，是一种本能的活动，而人建房子之前在头脑中已经形成了房子的用途、式样、大小和施工方案。海狸是加拿大的国宝，这种动物海陆两栖，无论是在海里还是在陆地上，它们都能用人类的垃圾搭建房子，甚至潮湿的沼泽地上它们还会建两层楼，住在干爽的二楼。那么海狸是不是一种有计划性的动物呢？有人用几只海狸做了实验：把它们放在一个房子里，然后从窗口往房子里面扔垃圾，当海狸拿到垃圾时，便又勤快地建起房子。这样的结果说明，海狸建房子的行为纯属本能，假如它们的意识活动有目的性和计划性的话，便不会在房间里面建房间了。

**名言**

凡事预则立，不预则废。
——《礼记·中庸》

所以，只有人类的行动才有目的性和计划性，人类正是有了这种能动的目的性和计划性，才能把思想、计划和方案等观念的东西用于指导实践，以自己创造性的活动改造世界，达到预期的目的。所以，如果你能发掘它，便能找到成功的方向，找到一种支持你不懈努力的持久力量。正如西方的谚语所说："如果你不知道你要到哪儿去，那通常你哪儿也去不了。"

### 延伸阅读

目标对人生的导向性：哈佛大学有一个非常著名的关于目标对人生影响的跟踪调查。调查对象是一群智力、学历、环境等条件差不多的年轻人。调查结果发现：27%的人没有目标，60%的人目标模糊，10%的人有清晰但比较短期的目标，3%的人有清晰且长期的目标。

经过25年的跟踪研究，结果发现他们的生活状况及分布现象有一定规律：

3%有清晰且长期目标的人，他们大都成了社会各界的顶尖成功人士，其中不乏白手创业者、行业领袖、社会精英。

10%有清晰但目标比较短期的人，大都生活在社会的中上层，成为各行业不可或缺的专业人士，如律师、医生、工程师、高级主管等。

60%的目标模糊的人，几乎都生活在社会的中下层，他们能安稳地生活与工作，但都没有什么特别的成绩。

剩下的那27%的没有目标的人，几乎都生活在社会的最底层，他们的生活过得都不如意，常常失业，并且抱怨他人，抱怨社会，抱怨世界。

调查者因此得出结论：目标对人生有巨大的导向性作用。

### 诗性智慧

有人说：最可贵的努力，就是选择一个正确的方向，这是成功的诀窍。这种说法很有道理，因为方向比努力重要。邓小平同志当年提出的"四有新人"的要求，就把"有理想"放在"有文化、有道德、有纪律"之前。找准方向，制定计划，这是人类才拥有的主观能动性，要好好加以利用。如何制定目标和计划？1800多年前的诸葛亮就已经告诉他儿子："非淡泊无以明志，非宁静无以致远"！他的意思是：计划人生时，不要事事讲求名利，才能够了解自己的志向；要静下来，才能够细心计划将来。这是真正的智慧，它超越了时空，历久弥新，对今天处于科技时代的我们，依然有指导意义。在这个争名夺利、浮躁忙乱的现代社会中，人们在制定目标时往往有这两个错误：第一，围绕着自身名利来制定。其实"自私"未必能够"自利"，而"利他"却往往能够给自己带来利好。第二，心情浮躁，难以静心，没有淡泊而高远的境界，无法清晰策划。不能静下心来，就听不到自己内心的声音。心理学家认为，浮躁的人在行动上往往以情绪代替理智，行动之前缺乏思考，往往不会成功。反之，如果一个人把自己浮躁的心踏实下来，不去计较个人的得失，一门心思为自己该做的事情付出时间和精力，思考有效的方法并付诸实践，成功就会不请自来。

**思考**

1. 你知道一个清晰的未来形象对于一个青少年来讲有多重要吗？
2. 你已经做了明确的、文字性的职业生涯规划了吗？

2. 意识对世界的反映具有创造性

人们对世界的反映不是消极被动的，而是一个积极主动的不断创造的过程。人不仅能通过感觉反映事物的现象，而且能通过思维揭示事物的本质和规律。人的认识不仅能反映事物的现状，而且能以此为基础，去追溯过去，推测未来。而动物都没有这样的思维过程。动物界中智商最高的黑猩猩，也就只有思维的萌芽。

**延伸阅读**

动物在使用工具方面的创造性：使用工具，是指动物为了生活，多半用口或前肢为辅助手段来使用各种东西的行为。例如，埃及秃鹫用嘴衔石投击鸵鸟的卵，一种达尔文鸣鸟口衔仙人掌的刺啄出树木中的昆虫，海獭用石破坏贝类，等等。黑猩猩可将树枝插入蚁穴，钩食蚂蚁或白蚁，也是人所共知的例子。狭义说来，使用工具只是为了达到某个目的，有预料地利用自己身体以外的东西。所以在这个意义上来说，除人类以外，只有类人猿等高等哺乳类才有可能使用工具。第一个做黑猩猩使用工具实验的是克勒（W. Kohler，叠箱实验），即把食物放在前肢够不着的地方，黑猩猩会用棒或其他东西把食物拨过来。如果把食物吊在天棚上，并在屋角放置木箱，黑猩猩可把木箱子搬到食物的下面用作垫脚台；如果把食物吊得更高，黑猩猩会把几只箱子叠成更高的垫脚台。这属于工具制作。

显然，这些举动在人类中很小的幼儿就可以从容运用，而在黑猩猩中却代表了它们最高的创造性，这可以说明动物在使用工具、在创造性方面是远远不及人类的。

这个世界为什么会有日新月异的变化，都是因为人类的创造精神使然。迄今为止，人类社会发生的三次重大的革命，每一次革命都将人类的生活带进一个全新的世界。第一次农业革命，它改变了人们三餐不继的生存状态，解决了人们的温饱问题。第二次工业革命，以蒸汽机的广泛运用为标志，解决了交通工具问题。在第三次革命中，信息技术的迅猛发展使人们的沟通、交流更为便利，这次科技革命影响了人类的生活方式和思维方式，使人类的社会生活和现代化开始向更高境界发展。如果没有人类的创造精神，即便时光交替、四季变迁，这个世界也不会有什么太大的变化。

既然我们拥有这种得天独厚的优势，那就要好好利用，积极发挥主观能动性，创造自己的人生。创造，未必是指发明技术或者创作艺术，创造的含义很深刻，有创造精神的人会用自己的思想与目标创造出不同的生命结果，这同样是一种创造，是最重要的创造。遗憾的是，大多数人只是在经历起床、上班、吃饭、聊天、睡觉，周而复始，不断重复着人生的这些经历，光阴也就从指尖悄悄溜走。当生命走到尽头蓦然回首时，才发现一切毫无意义。生命如此短暂，如此宝贵，每个人都要珍惜生命的一分一秒，发挥自己的潜能，创造奇迹，因为生命的意义不在于无限度地重复岁月，而在于努力创造出自己生命的精彩。

 **哲理故事**

### 白龙马和驴

话说白龙马当年驮着唐三藏去西天取经，真的走了十万八千里路，经历了九九八十一难，甚至有几次险些被妖怪吃掉而丧命，终于历经了14年的时间完成了取经的任务。取得真经，白龙马被奉为天神，能腾云驾雾。这个时候他忽然想起了当年的老兄弟——驴子，于是他想飞回过去工作过的农舍，看看自己的老朋友。当他再次回到农舍的时候，他看到的是这样的场面：驴子已经老得动不了了，也干不动活了，躺在那里正等着被农夫杀掉吃肉。他看到神采奕奕的白龙马，开始不停地抱怨生不逢时，命运不济。这个时候白龙马说了很重要的一段话。"其实这十几年的时间，我和你是一样的，我们晚上一样的休息，我白天在驮着唐僧走路，你白天驮着锄头也在走路，唯一不一样的，是我一直在向着一个有经书的地方在走，而且一直在接受新的挑战，而你，这十几年的时间，只是在围着一个磨盘原地打转而已。"

可是，如何才能做到不麻木地重复岁月，有创造性地绽放生命的精彩呢？这往往必须排除我们原有的心理障碍，打破原来的思维模式。这是我们面临的一个重要命题。

**哲理故事**

辩　论

在一些日本的禅院，有一个旧传统，那就是一个流浪的和尚与一个当地的和尚要辩论有关佛教的问题。如果那个流浪者赢了，那么他就能在寺庙住下过夜；如果输了，他就不得不继续流浪。在日本的北方，有兄弟俩掌管着这样的一座寺院，哥哥非常有学问，而弟弟比较笨，并且只有一只眼睛。一天晚上，一个流浪的和尚来请求住宿，哥哥因为学习了很久，感到非常累，所以他吩咐他的弟弟去辩论。哥哥说："要在沉默中进行对话。"（因为哥哥知道他比较笨，他除非不说话，否则一说话，就全暴露出他的缺点、他的所有愚昧无知，所以就让他避短，不能说话。我们或许也能从中得到一些启示，或许，有时沉默会是一个蛮不错的选择。）过了一小会儿，那个流浪者来见哥哥，并且说："你弟弟真是个厉害的家伙，他非常机智地赢了这场辩论，所以我要走了，晚安。""在你走之前，"哥哥说，"请告诉我这场对话。""好，"流浪者说，"首先我伸出一个手指代表佛陀，接着，你的弟弟伸出两个手指，表示佛陀和他的教导；为此我伸出三个手指，代表佛陀、他的教导和他的门徒；接着，你聪明的弟弟在我面前挥动着他紧握的拳头，表示那三个都是来自一个整体的领悟。"随后，流浪者走了。（聪明人呢，也和弟弟一样，也只是活在自己的幻想世界里面。）过了一会儿，弟弟带着一副痛苦的样子跑进来。"我知道你赢了那场辩论。"哥哥说。"没什么赢的，"弟弟说，"那个流浪者是个非常粗鲁无礼的人。""噢？"哥哥说，"当他看见我时，他伸出一个手指侮辱我只有一只眼睛。但因为他是一个新来的人，我想还是礼貌些，所以我伸出两个手指，祝贺他有两只眼睛。这时，这个无礼的家伙伸出了三个手指，表示我们两个人只有三只眼睛。所以我气疯了，威胁地用拳头想打他的鼻子——所以他走了。"哥哥笑了：谁也没有了解过，别人说的究竟是什么。这就是我们的生活呢！

其实，生活中的每个人都在以自己既有的思维模式理解和处理生活，这样一来，谁都不觉得自己是错的，因为他不知道错在哪里，那么，不断地重复生活也就成了必然。哲学家周国平说过，许多人其实只活到 25 岁，只不过到 75 岁才被埋葬罢了。说的大概就是这个意思。

 **诗性智慧**

现实中很多人的一生就在年复一年、日复一日的不断重复中茫然度过，这种人生谈不上有意义。许多专家的研究成果告诉我们：每个人身上都有有待开发的潜能金矿，都有巨大的潜能还没有开发出来。达尔文的自然选择学告诉我们，人的生命力是顽强而巨大的，即使某些生理特性在表面上已经不复存在，但其本质却永远也不会泯灭，其内在所隐藏着的无限潜能，只是处于一种"休眠"状态，一旦受到某种刺激或遭遇某些挫折，或遇到适当的时机，它就会被唤醒，释放出不可抗拒的能量，彰显辉煌。但是，潜能喷涌而出的前提是我们敢于抛开自我的心理障碍，敢于突破自我，开发自我，否则，人人都只会茫然麻木地重复着生活。在成长的过程中，我们每个人的心灵都曾受到或多或少的污染，这些污染显然会影响人的创造力和勃勃生机，使人无法释放潜能，也无法把力量用在正义和积极的事情上。从"和尚的辩论"中我们可以看到，人大多都难以走出自我，创造新生活谈何容易？所以突破心理障碍是很多人面临的重要功课。我们眼里看到的别人和世界很容易带有自己的想法，我们无时不在用自己的想法去看别人看世界，真实的世界我们可能都未曾了解，所以看到的外界与事实不一定相同。要创造有意义的人生，前提条件是要学习让自己能处在中立、客观、公正的位置来看待生活中发生的事情，那就必须排除心理障碍，必须有健康的心理。当我们把内在世界调整得很好的时候，外在世界就会自然而然变得美好，我们的潜能就能得到更好的开发，从而收获一种全新的生活。记住：没突破自我就没办法创造出不同的未来！特别是心理障碍将会产生强迫性的重复，这种错误的重复会让人在错误的道路上不断地轮回，不能创造更好的明天！所以，要定期清理心灵的垃圾，刷新生活，才能拥有创造性的人生。

### 3. 意识能影响人体的生理过程和活动

人的生理活动是人的意识活动的基础，但反过来，人的意识活动对人体的生理活动又有重大的影响。日常生活中，心情愉快，就身体健康；心情忧郁，就容易生病。"笑一笑，十年少；愁一愁，白了头"的说法，就表明了意识活动对生理活动的影响作用。

怒伤肝，悲胜怒；喜伤心，恐胜喜；思伤脾，怒胜思；忧伤肺，喜胜忧；恐伤肾，思胜恐。

——《黄帝内经》

### 诗性智慧

人的情绪与身体彼此相互影响，相互作用。我们的情绪会透过身体来表达，可以说身体是情绪的信号灯。你有过这样的体验吗？上台表演前或重大考试前紧张得老想上厕所。这是因为当精神紧张有压力时，结肠也会跟着收缩甚至痉挛，你会感到肚子痛，事情过后又恢复正常了。又如人们形容心里难受痛苦时会说"心痛"，不是真的心脏痛，是因为情绪出了问题而感受到心里不舒服。人的很多亚健康来源于情绪的紧张和焦虑。像咽喉炎、肩颈疼痛、头痛、便秘、失眠、慢性疲劳等大都与精神压力和情绪直接相关。如果我们的情绪被压抑了，就会在身体的某个相应部位表现出来。中医里的"怒伤肝，恐伤肾"讲的也是情绪与身体直接联动。

可见，人的身心是一个整体，牵一发而动全身，照顾好自己的情绪，也是照顾好自己的身体，反之亦然。给大家介绍几个情绪平衡的方法：先学会接纳情绪的起伏，观察自己什么情况下情绪波动比较大，了解自己的情绪状态。在情绪波动时，增加一些新的生活内容来调节，比如：觉得烦躁和郁闷时，可以增加运动量，选一个平时喜欢的运动去做；觉得低落时可以听听音乐、与信任的人聊天、读读喜欢的书；感到紧张和压力大或愤怒时，可以做一些静的事情，像练习深呼吸、禅坐、瑜伽、登山、徒步都较易行动；觉得悲伤时，可以看看喜剧或幽默笑话，都能缓解当下的负面情绪。

请记住：你的情绪不代表你，不要在负面情绪出现时批评自己、否定自己，也不能因为情绪起伏而指责别人，因为情绪是自己的不是别人的，每个人都要为自己的情绪负责。用心学习，用方法照顾自己的情绪，很快你就可以学会科学的情绪管理了。

另外，科学研究发现：人是唯一能够接受暗示的动物！在意识上受到不同的暗示，会决定人采取不同的态度和方法去行动。

 **哲理故事**

### 罗森塔尔效应

1968年，法国心理学家罗森塔尔和雅各布森来到一所小学，从一至六年级中各选三个班，在学生中煞有介事地进行了一次"发展测验"。然后，他们列出了一张学生名单，声称名单上的学生都极具潜质，有很大的发展空间。8个月后，他们又来到这所学校进行复试，惊喜地发现，名单上的学生成绩进步很快，性格更为开朗，与老师和同学的关系也比以前融洽了很多。

事实上，这是心理学家进行的一次心理实验，用以证明期望是否会对被期望者产生重大的影响。他们所提供的名单完全是随机抽取的，通过"权威性的谎言"暗示教师，并随之将这种暗示传递给学生。尽管教师们悄悄地将这份名单暗藏心中，却在不知不觉中通过眼神、微笑、言语等途径，将掩饰不住的期望传递给那些名单上的学生。他们受到教师的暗示作用后，变得更加开朗自信，充满激情，在不知不觉中更加努力地学习，变得越来越优秀。

后来，人们将罗森塔尔效应总结为"说你行，你就行，不行也行；说你不行，你就不行，行也不行"。我们从中得出这样一个启示：赞美和期待具有一种超常的能量，能够改变一个人的行为与思想，激发人的潜能。一个人得到别人的信任与赞美后，他会变得更加自信和自尊，从而获得了一种积极向上的原动力。为了不让对方失望，他会更加努力地将自己的优势发挥到极致，尽力达到对方的期望。相反，如果向对方传递了一种消极的期望，则会让他变得自暴自弃，向着消极的一面发展。

### 诗性智慧

> 人类对自我形象的评判，常常综合了个人和外界环境的看法。外界的信息不管是褒是贬，每个人在认识自我时都很容易受其暗示，把它们作为自己行动的参照，从而迷失自己。我们可以看到许多同学的自卑就是因为别人的言行引起的。所以要学会正确对待别人的言行，不要被别人的言行给绑架了。其实，别人所说的话、所做的事、所发表的意见都是根据他自己脑子里的观念做出来的。他在接受教化的过程中被植入了一整套程序，他的观点都是那套程序产生的。如果有人向你发表意见，说："呀！你真胖！"不要认为这话跟你有什么关系。因为，事实上，这句话所代表的只不过是那个人自己的感觉、信条和观点而已。那人企图扔垃圾给你，如果你认为那句话跟你有关系，你就收下了那垃圾，垃圾就成了你的了。事实上，别人对我们的看法只与他自己有关，与我们没有任何关系。所以，我们只对自己的言行负责，不再对别人的言行负责，独立、客观、冷静地分析和判断，将成为我们做决定的唯一依据。你只相信自己，不再轻信别人；如果你能真正理解这一点，如果你坚信别人的言行跟自己没有关系，你就不会再受到那些轻率鲁莽的言行的伤害。

### 归纳总结

1. 你能正确理解柏拉图"每一个坏人都不是出于其本人的意愿而成为坏人的"这句话吗？
2. 通过今天的学习，你知道如何发挥主观能动性了吗？
3. 你经常会有情绪困扰吗？以后该如何管理好自己的情绪？

### 思考与训练

为自己设计一个未来形象，要求具体清晰，不少于300字。

# 第一单元习题

## 一、判断题

1. 马克思主义哲学是辩证唯物主义哲学。（    ）
2. 有知识就是有智慧。（    ）
3. 哲学的基本问题是物质和意识的关系问题。（    ）
4. 世界观是人们对整个世界以及人与世界关系的根本观点。（    ）
5. 一个人的世界观对人生观没有影响。（    ）
6. 学习哲学，可以帮助我们掌握正确的思维方式。（    ）
7. 自然界是客观的，人类社会就不是客观的。（    ）
8. 因为受《嫦娥奔月》的故事影响，中国人看到的月亮跟美国人看到的是有所不同的。（    ）
9. 主观意识改变不了客观存在，就只能尊重客观实际。（    ）
10. 因为主观意识改变不了客观存在，所以诚实、不嫉妒是理性、有智慧的表现。（    ）
11. 从实际出发选择人生道路，这里的"实际"包括自身实际，也包括社会的需要和发展的规律。（    ）
12. 运动是多样的，但不包括思维运动。（    ）
13. 运动是绝对的，所以没有静止的存在。（    ）
14. "士别三日当刮目相看"说明了物质是运动的，包括人。（    ）
15. "眉头一皱计上心来"说明了人的意识不一定产生于大脑。（    ）
16. 从"想""思"等字的造字来看，古人曾一度认为人的意识产生于心脏。（    ）
17. 有了人脑，小孩子必定能长大成人。（    ）
18. 人类意识的产生具有客观性。（    ）
19. 创造性不是人类意识特有的特点。（    ）
20. 科学研究发现，人是唯一能够接受暗示的动物！这也是人类意识的特点。（    ）

## 二、选择题

1. 哲学的基本问题和哲学的两个基本派别分别是（    ）。
    A. 物质和意识的辩证关系，辩证唯物主义和历史唯物主义
    B. 物质和意识的关系问题，唯物主义和唯心主义
    C. 世界是什么和怎么样的问题，有神论和无神论
    D. 认识世界和改造世界的关系，唯物主义和唯心主义
2. 唯物主义者认为，（    ）。
    A. 物质决定意识　　　　　　　　B. 意识决定物质
    C. 物质和意识谁也不决定谁　　　D. 物质可以决定意识，意识也可以决定物质

3. 《掩耳盗铃》的故事说明了（　　）。
   A. 物质决定意识　　　　　　　B. 意识决定物质
   C. 物质是可以被认识的　　　　D. 物质是不可知的
4. 唯物主义和唯心主义的根本区别在于是否承认（　　）。
   A. 物质是世界的本质　　　　　B. 世界是永恒变化的
   C. 意识对物质的反作用　　　　D. 人类社会的客观性
5. 《疑邻窃斧》故事中的主人公犯的是（　　）的错误。
   A. 主观唯心主义　　　　　　　B. 客观唯心主义
   C. 唯物主义　　　　　　　　　D. 唯物主义和唯心主义
6. 求神拜佛属于（　　）。
   A. 主观唯心主义　　　　　　　B. 客观唯心主义
   C. 唯物主义　　　　　　　　　D. 唯物主义和唯心主义
7. "强扭的瓜不甜"说明了（　　）。
   A. 不尊重客观规律是要受惩罚的　B. 一切从实际出发
   C. 事物的运动是没有规律的　　　D. 运动是绝对的
8. 赫拉克利特说，人不能两次踏进同一条河流。这说明了（　　）。
   A. 物质运动是绝对的　　　　　B. 运动是物质的运动
   C. 运动是有规律的　　　　　　D. 人不是运动的主体
9. （　　）是运动的基础和承担者。
   A. 物质　　　　　　　　　　　B. 意识
   C. 生物　　　　　　　　　　　D. 人脑
10. 生物体的新陈代谢说明了（　　）。
    A. 物质运动是绝对的　　　　　B. 运动是物质的运动
    C. 运动是有规律的　　　　　　D. 静止是绝对的
11. "寒暑往来，四季更替"说明了（　　）。
    A. 物质运动是绝对的　　　　　B. 运动是物质的运动
    C. 运动是有规律的　　　　　　D. 物质是运动的物质
12. 小明长高了好多，但我们没有因此认不出他，这说明了（　　）。
    A. 物质运动是绝对的　　　　　B. 运动是物质的运动
    C. 运动是有规律的　　　　　　D. 除了绝对运动，还有相对静止
13. 思维活动的主体是大脑，这说明了（　　）。
    A. 物质运动是绝对的　　　　　B. 运动是物质的运动
    C. 运动是有规律的　　　　　　D. 静止是相对的
14. 俗话说"劈柴不照纹，累死劈柴人"。这说明（　　）。
    A. 尊重客观规律是发挥主观能动性的前提
    B. 客观条件制约着主观能动性的发挥
    C. 按规律办事常常是事半功倍
    D. 物质运动是有规律的

15. 医学科学证明，如果人的大脑皮层严重受损，就会丧失思维能力，没有意识。这说明（　　）。
    A. 人脑是意识的源泉
    B. 人脑是意识的物质器官
    C. 有健康的人脑就会有正确的意识
    D. 意识是对外部世界的反映

16. 据文献记载：在印度曾多次发现小孩被母狼叼走并在狼群中长大的事例，有个"狼孩"虽已七八岁，但不会说话，不会思维。这类事例表明（　　）。
    A. 狼孩的大脑天生就是笨的、不聪明的
    B. 狼孩的大脑不是人脑
    C. 狼孩的大脑虽是人脑，但思维不一定是人脑的机能
    D. 狼孩没有社会实践，所以不可能产生思维

17. 对于每个孩子而言，大脑和环境这两个因素都是（　　）。
    A. 可以选择的           B. 不可选择的
    C. 大脑可以选择，环境不可选择  D. 环境可以选择，大脑不可选择

18. 下列不体现人类意识的主观能动性的是（　　）。
    A. 计划性和目的性        B. 创造性
    C. 意识活动能反作用于生理活动  D. 休息的需要

19. 罗森塔尔效应说明了（　　）。
    A. 人很容易接受暗示       B. 人的聪明都是先天的条件决定的
    C. 遇上教育家是幸运的     D. 学习成绩对一个孩子来说很重要

20. 正确制定和执行我国社会主义现代化建设的路线、方针、政策，必须坚持从实际出发，使主观符合客观。这里所说的"客观"在我国最主要的是指（　　）。
    A. 我国现阶段的生产关系    B. 我国的社会主义市场经济
    C. 中国特色社会主义理论    D. 我国的基本国情

# 第二单元　用辩证的观点看问题

　　本单元内容让我们了解事物的普遍联系、变化发展、矛盾是事物发展的动力等唯物辩证法的基本观点和方法，及其对树立积极人生态度的重要意义，在此基础上指导我们学会用联系的、全面的、发展的观点看问题，自觉营造和谐的人际关系，正确对待人生发展中的顺境与逆境，处理好人生发展中的各种矛盾，培养健康向上的人生态度。

# 第四课　普遍联系和人际和谐

　　一切事物都处在普遍联系之中，怎样用联系的观点来化解我们学习和生活中遇到的问题，建立一个和谐的人际关系呢？这就是我们本课要探讨的一个话题。

## 一、事物是普遍联系的

### 1. 什么是联系

　　联系是指事物之间以及事物内部各要素之间的相互作用、相互影响、相互制约的关系。联系是事物的根本属性和存在方式，是物质运动发展的根本原因。

### 2. 联系是普遍的

联系的普遍性主要表现在：
第一，任何事物内部的各个部分、要素、环节都是相互联系的。
第二，任何事物都与周围的其他事物相互联系着。
第三，整个世界是一个相互联系的统一整体。如中国有个成语"城门失火殃及池鱼"，美国社会心理学家提出的"六度分离理论"，都是联系的普遍性的体现。达尔文发现的食物链，如猫多的地方羊也多，为什么呢？因为存在着这样的食物链：猫——鼠——丸花蜂——三叶草——羊。

　　宇宙中任何事物都不是独立存在，它总是同周围的其他事物相互联系、相互依赖、相互制约、相互作用着的，普遍联系是客观世界的本来辩证法。整个世界是由无数事物的运动发展、纵横交错之联系形成的统一整体。

 **哲理故事**

老鼠夹效应

　　有这么一个故事：庄园里出现了一个老鼠夹，老鼠看到后很担心，它慌忙地去向庄园里其他动物发出警告："小心老鼠夹，小心老鼠夹！"可母鸡、胖猪和母牛却很不以为然，它们都说："亲爱的老鼠，我知道那对你来说是个问题，但是跟我有什么关系呢？"老鼠只好返回庄园主的房子，胆战心惊地藏在它的洞穴里。第二天天刚亮，老鼠就听到一阵响声，没多久又传来一阵尖叫声。原来，女主人听到响声后下楼查看，她在黑暗中没有注意到老鼠夹夹住了一条蛇的尾巴，当她走近老鼠夹的时候，被蛇咬了。女主人病倒了，庄园主把母鸡杀了给病人补身体。很多邻居都来探望他们，为表示感谢，庄园主把猪杀了，招待朋友们吃了一顿饭。女主人终于康复了，但花了很多医疗费，庄园主只好把母牛卖了以支付那些医疗费。

## 诗性智慧

表面上看起来，老鼠夹和鸡、猪、牛确实没什么关系，谁看见过老鼠夹夹死过鸡、猪或者牛？但是当老鼠和它们生活在同一屋檐下、处在同一个生存系统中的时候，它们就会具有某种奇妙的联系。"老鼠夹效应"警示我们，事物的发展和内部的关联性常常超出我们的想象，对于生存环境中出现的任何小问题，我们都要保持必要的关注，要有"防微杜渐"的准备，防止问题的扩大和蔓延。比如，日本的核泄漏事件，短期间可能不会影响到其他地方，但不能据此认为这就是地方性的、局部的问题，起码海里受污染的生物有可能会游到其他海域而威胁到其他地方的人的饮食安全。"老鼠夹效应"也告诉我们每个人，对身边人的焦虑和痛苦请始终保持一份"共情"和助人之心，因为，"别人的事"可能也会成为你的事。

## 延伸阅读

在被《吉尼斯世界纪录大全》誉为"世界最伟大的销售员"的乔·吉拉德的成功秘诀中，第一条定律就是：不得罪任何一个顾客。因为在每位顾客的背后，都大约站着250个人，他们都是与他关系比较亲近的人：同事、邻居、亲戚、朋友。如果一个推销员在年初的一个星期里见到50个人，其中只要有两个顾客对他的态度感到不愉快，到了年底，由于连锁影响就可能有500个人不愿意和这个推销员打交道。他们都知道一件事：不要跟这位推销员做生意。

这就是乔·吉拉德著名的"250定律"。由此，乔·吉拉德得出结论：在任何情况，都不要得罪顾客。在他的推销生涯中，他每天都将"250定律"牢记在心，抱定生意至上的态度，时刻控制着自己的情绪，不因顾客的刁难，或是不喜欢对方，或是自己心绪不佳等原因而怠慢顾客。

乔·吉拉德说得很对："你只要赶走一个顾客，就等于赶走了潜在的250个顾客。"对人的尊重，既是做事的基本道德，也是一种智慧。我们往往以为自己得罪的只是一个人，其实他的背后有一大群跟他思想一致的人，也会对你有看法。

### 3. 联系是客观的

不论是自然界事物之间的联系，还是人类社会生活中事物之间的联系，都是事物本身固有的，不以人的意志为转移的。不管我们知不知道、承不承认联系的存在，它都在那里。幻想出来的联系也无法代替未知的现实的联系，所以我们要努力去发现、把握事物之间的联系，才能逐步加深对事物的认识。

 **哲理故事**

### 医治驼背

从前有个医生，他自我宣传说会医驼背。他说："驼背得像弓一样的人，驼背得像虾一样的人，驼背得像曲环一样的人，请我去医，我保证早上医，晚上直的像箭一样。"结果有一个人信以为真，请他治疗他的驼背，那个医生拿了两片木板，一片放在地下，叫驼背的人躺在上面，再拿一片木板，压在他的身上，立刻跳到他身上跳一跳，驼背的人立刻变直，但也立刻死了。驼背者的儿子要到官府控告医驼背的医生，但驼医却说："我的职业是治疗驼背，只负责使驼背变直，哪管病人的死活？而且，我也不知道背直了人是会死的。"

不管这个医生知不知道驼背被压直跟病人的死活有没有联系，这个联系也是要发生作用的，因为它是客观存在的，不以人的主观意志为转移的。

### 4. 联系是多样的

从不同的角度来说，联系可分为直接联系与间接联系、本质联系与现象联系、主要联系与次要联系、必然联系与偶然联系、内部联系与外部联系、整体与部分的联系等。不同的联系对事物的存在和发展起着不同的作用。比如"天时不如地利，地利不如人和"说明了跟成败有联系的因素中是有主要联系和次要联系的，"人和"是最重要的，其次才是"地利"，最后是"天时"。

### 5. 联系是有条件的

联系总是具体事物之间的联系。任何事物的联系都要依赖于特定的条件，随着条件的变化，事物联系的性质和方式也将发生变化，一切以条件、地点和时间为转移。"橘生淮南则为橘，生于淮北则为枳"说的就是这个道理。比如说"同人不同命"，也说明了不同的条件会产生不同的联系。

 **哲理故事**

### 淮南淮北

齐国的晏子出使到楚国，楚王想戏弄他，故意将一个犯人从堂下押过。楚王问：此人犯了什么罪？回答说：一个齐国人犯了偷窃罪。楚王就对晏子说，你们齐国人是不是都很喜欢偷东西？晏子回答："婴闻之，橘生淮南则为橘，生于淮北则为枳，叶徒相似，其实味不同。所以然者何？水土异也。今民生长于齐不盗，入楚则盗，得无楚之水土使民善盗耶？"意思是说我听说淮南有橘又大又甜，一移栽到淮北，就变成了枳，又酸又小，为什么呢？因为土壤不同。同样的一个人在齐国就不偷盗，到了楚国就偷盗了，莫不是楚国的水土使人喜欢偷盗?!

### 诗性智慧

我们常说的幸福、快乐、成功都是有条件的，人与人之所以存在差异，即联系到的事物不同，根本原因就在于这些条件的不同。一方面来自于先天条件的不同，还有成长、教育与社会环境不同；另一方面，也来自于自身的思想境界、觉悟、情操不同。看事物的角度、高度和全面性决定了人们对事物的正确认识和掌握程度，在这方面条件越好，我们联系到的人和事就会越美好。

## 二、用联系的观点看问题

### 1. 处理好整体与局部的关系

要用联系的观点看问题，防止孤立地、片面地看问题。看问题不能只见树木，不见森林；只知其一，不知其二，只计一点，不计其余。也要从整体上把握事物的联系，处理好局部与整体之间的关系。在人生问题上，既要充分尊重个人对集体、对社会的价值，也要充分看到集体、社会对个人发展的重要作用。集体和弱小的个人往往是最容易被忽略的两种联系。

**（1）树立全局观点，要有集体观念**

因为个体或局部的发展，不能缺失良好的全局和整体环境。所谓"大河无水小河干""国兴则家昌，国破则家亡""拳头伤人要比手指伤人或者巴掌伤人疼得多"说的就是这个道理。如何摆正个人和集体的关系？班级的各种竞赛你积极参与排练了吗？你会为班级的荣誉感到自豪吗？值周的时候，你是否愿意为班级的荣誉、为学校的利益而努力地把工作做好？人存在于集体之中，相互依存、相互制衡、互为因缘，一如永恒而和谐的自然。只有我们的集体有团结进取的氛围，我们身居其中才能得到更好的成长，只有我们所处的集体是卓越高效的，我们自己才能卓越超脱，因为集体就是我们成长的平台。让我们从小事做起，从小事中体现自己对集体、团队的热爱。

**哲理故事**

### 燕丹赠手

战国时期，燕国的太子丹，有一次宴请荆轲，并特意安排了一个能琴善乐的美人为荆轲劝酒助兴。荆轲听着悦耳的琴声，望着美人那双纤细、灵巧、洁白、素净的手，魂飞魄荡，连连称赞："好手，好手！"一再表示"但爱其手"。于是，燕太子丹为了讨好荆轲，立即把美人的手砍断，盛在盘子里，赠给荆轲……显然，盘子里的那双血淋淋的双手已经不是能琴善乐的手了，也不会引起人的喜爱了，"燕丹赠手"不仅表现出了燕太子丹的野蛮凶残，而且也反映出他的愚蠢。

古希腊的哲学家亚里士多德说过，一只手如果从身上割下来，名义上仍然可以称为手，但实际上已经不是手了。黑格尔讲得好："割下来的手就失去了它的独立的存在，就不像原先长在身体上那样，它的灵活性、运动、形状、颜色都改变了，而且，它就腐烂起来了，丧失了它的整个存在了。只有作为有机的一部分，手才能获得它的地位。"列宁很欣赏这个思想，他在著作《哲学笔记》中写道："身体的各部分只有在其联系中，才是它们本来应当的那样。脱离了身体的手，只是名义上的手（亚里士多德）。"

唯物辩证法认为，人体的各个部分是普遍联系着的，这种联系是客观存在的。客观世界的事物，现象也都是普遍联系的有机的统一的整体。所以我们认识和处理问题，同样是要把个人、个别、局部问题放在同整体的联系中去认识，在同整体的联系中认识个体、局部的价值和意义。

 **诗性智慧**

> 离开身体的手，已经不是手。一滴水要不干涸，只能把它放到大海里去！人也一样，个人只有融入到集体中去，才能得以生存，才能有所作为。当今时代，重视人才的呼声不断高涨，个人能力等综合素质可能会大大提升，但这不意味着就可以脱离集体了，反而更需要集体的大力支持。因为现在竞争日趋激烈，个人难以抵挡大风大浪，只有依靠集体这只巨轮，才能乘风破浪，到达人生辉煌的顶峰。而一个人能否在自己所处的集体中得以生存，取决于他自己有没有宽容大度的胸怀：即使别人错了，你还能容许他再错几次；放下期望、放下自我，即使别人不了解你，你也能忠心耿耿地为集体的利益而付出。有了这样的胸怀，你会慢慢地找到自己在集体中的位置。

（2）要重视每个人的价值

任何全局都是由局部组成的，局部的变化会影响全局的变化，有时甚至还会对全局产生重大的影响，因为细节决定成败。搞好局部，才能使全局功能得到最大限度发挥。因此，在强调局部要服从全局的前提下，必须十分重视局部的作用。对于一个集体来说，就是要重视其中每个人的需求和价值。

## 哲理故事

### 大将和车夫

春秋战国时期，各诸侯国互相攻伐。有一年，宋国大夫华元率军攻打郑国，为了鼓舞士气，华元吩咐炊事员给大伙加餐，大锅炖羊肉，犒劳士兵。一人一块，士兵们兴高采烈地捧着羊肉骨头大啃着。偏偏到了华元的马车夫羊斟这里，没了。羊斟没吃上羊肉，心中闷闷不乐，在一旁喝凉水。原来华元军务繁忙，忘了交代分给羊斟一份。羊斟见其他人吃得满面红光，不禁气不打一处来：都说近水楼台先得月，跟着领导好处多，怎么我就那么背时呢！这不是诚心作践我吗？有仇不报非君子，羊斟暗暗打定了主意，决定以牙还牙。第二天，华元乘着羊斟驾的战车出征。宋郑两军相遇，双方摆开阵势，互相厮杀起来。就在两军激战正酣的时候，羊斟忽然一甩鞭子，驾着马车风驰电掣般向郑军的营地驶去。车上的华元大惊，对羊斟喊道："你晕头了吗？这是去哪儿啊？那边是敌营啊！"羊斟回过脸答道："昔之羊羹子为政，今日之事我为政！"分羊肉你说了算，去哪儿我说了算。就这样，羊斟驾着战车径直到了郑军大本营。结果宋军大败，可怜的华元研究了一晚上的兵法计谋还未施展，就稀里糊涂地成了俘虏。

## 诗性智慧

人们可以指责羊斟：吃不到羊肉，气度小，为一点口腹之欲而去干亲痛仇快、投敌叛国的事，是个不忠之士、不义之人。但我们从另一个角度看，羊斟所争的也并非只为一点羊肉，是为图尊重为面子，是因为分配不公、赏罚不明。生活中我们可以看到，人们的气愤往往是直指人心。比如，被雨淋了和被人恶意泼冷水，同样是被淋湿，可是前者不会让人生气，后者反之，可见人生气不一定是因为利益。故事中我们也看到：分配不公、赏罚不明这个隐患，迟早总要爆发的！一点羊肉分不公，也可亡一个国呀！也许你以后就是一个团队的领导，那你要懂得：团队必须满足团队中每一个人的需求，否则这个团队就无法继续，直至消失。世界上那些历史悠久的组织之所以能够传承数千年而不败，是因为它们满足了人内心深处的需求。只有达到将组织的使命和个人的需求相契合的精神氛围，组织才能在成员的推动下，从无到有，从小到大，不断发展。

**情境体验**

1. 对于比你弱小的人,你是否觉得欺负他们也没有关系?
2. 生活中的一些"小事",如讲礼貌、守纪律、讲卫生、乐于助人等是否被你视为无关紧要而被你忽略了?
3. 根据水桶理论,你能找出自己的短板并加以改善吗?

**延伸阅读**

新东方董事长俞敏洪在北大的演讲中说:在北大当学生的时候,我一直比较具备为同学服务的精神。我这个人成绩一直不怎么样,但我从小就热爱劳动,我希望通过勤奋的劳动来引起老师和同学们的注意,所以我从小学一年级就一直打扫教室卫生。到了北大以后我养成了一个良好的习惯,每天为宿舍打扫卫生,这一打扫就打扫了四年。所以我们宿舍从来没排过卫生值日表。另外,我每天都拎着宿舍的水壶去给同学打水,把它当作一种体育锻炼。大家看我打水习惯了,最后还产生这样一种情况,有的时候我忘了打水,同学就说"俞敏洪怎么还不去打水"。但是我并不觉得打水是一件多么吃亏的事情。因为大家一起都是同学,互相帮助是理所当然的。同学们一定认为我这件事情白做了。又过了10年,到了1995年年底的时候新东方做到了一定规模,我希望找合作者,结果就跑到了美国和加拿大去寻找我的那些同学,他们在大学的时候都是我生命的榜样,包括刚才讲到的王强老师等。我为了诱惑他们回来还带了一大把美元,每天在美国非常大方地花钱,想让他们知道在中国也能赚钱。我想大概这样就能让他们回来。后来他们回来了,但是给了我一个十分意外的理由。他们说:"俞敏洪,我们回去是冲着你过去为我们打了四年水。"他们还说:"我们知道,你有这样的一种精神,所以你有饭吃肯定不会给我们粥喝,所以让我们一起回中国,共同干新东方吧。"这才有了新东方的今天。

**思考**

读了这个故事你有何感想?你能够把"打水"这样的小事和成就新东方这样的大事业联系起来吗?

## 2. 善于发现事物之间的复杂联系

许多人都有疑问,我们国家的农民为什么还不能采用现代化的机械啊?甚至有的还因为这个问题对政府满腹牢骚。但中国农业现代化进程的缓慢跟我国人口的数量有很大关系，你能理解吗？如果一下子采用现代化机械，那么将会有大量农民的劳动力被解放出来，那这些还没掌握先进生产力的农民将何去何从？所以许多事物不能轻易地做判断下结论的！事物的联系是复杂多样的，有显性的，也有隐性的；有我们已知的，也有我们未知的。联系不同，事物的性质也不同。善于把握事物的复杂联系，可以使我们的认识更为深刻，方法更为得当；善于发现事物未知的联系，可以使我们的思想认识获得突破，实践上有所发明和创造。

**哲理故事**

### 螳螂捕蝉　黄雀在后

春秋时期，吴国国王准备攻打荆地（楚国），遭到大臣的反对。吴王很恼火，在召见群臣的会上警告："有谁胆敢阻止我出兵，将他处死！"

尽管如此，还是有人想阻止吴王出兵。王宫中一个青年侍卫官想出一个好办法：每天早晨，他拿着弹弓、弹丸在王宫后花园转来转去，露水湿透他的衣鞋，接连三天如此。吴王很奇怪，问道："这是为何？"侍卫道："园中的大树上有一只蝉，它一面唱歌，一面吸饮露水，却不知已有一只螳螂在向它逼近；螳螂想捕蝉，但不知旁边又来了黄雀；而当黄雀正准备啄螳螂时，它又怎知我的弹丸已对准它呢？它们三个都只顾眼前利益而看不到后边的灾祸。"吴王一听很受启发，随后取消了这次军事行动。

## 三、营造和谐的人际关系，创造快乐人生

同世界上一切事物的普遍联系一样，社会关系中的人际关系也是无处不在的。每个人都生活在纵横交错的"人际关系网"中，离开与他人的关系，人就无法生存、发展。在对待人际关系上，用联系的、全面的观点看待人际关系，就会形成积极的人生态度。反之，以孤立的、片面的观点看待人际关系，就会形成消极的人生态度。积极的态度表现为接纳、合作、和睦、和谐。消极的态度表现为冷漠、自闭、排斥、对抗。

人际和谐是中华民族的宝贵文化传统。"和谐"作为中国优秀传统文化的核心价值观，是我们今天构建社会主义和谐社会，实现民族统一、增强民族凝聚力和综合国力的内在要求，也是我们应当树立的积极人生态度。

### 1. 和谐人际关系的特征

平等相处。和谐的人际关系中人与人之间是平等的，每一个人的人格和权利都受到平等尊重。不歧视人，不欺负人，是减少人际冲突、建立良好人际关系的基本条件。

宽松的人际环境。和谐的人际关系中每个人的个性自由受到尊重、宽容。人与人之

间能设身处地地为别人着想和最大限度地理解别人,在宽容别人的同时,也开阔了自己的心胸。

相互真诚信任。在和谐的人际关系中,人与人之间真诚相待,信誉至上。诚信是对自己的言行、承诺负责任的健康人格的表现。相互信任是维护人际关系的基本保障。对亲人、对朋友、对人民、对祖国的忠诚是巩固人际和谐的重要因素,也是中华民族的传统美德。

## 哲理故事

### 仁义胡同

大清康熙年间,曹姓在丰润县城是第一大户,为了垒一堵墙,和隔壁老谷家打了架。谷家说曹家多占了谷家的一尺宅基地,曹家说该地自古以来就是曹家的。两家互不相让,争持不下,同时告到衙门。县官一看是这两家,知道是刺儿头不好剃,因为两家在京都有做官的。自己一个七品芝麻官,想管无法管,想断不敢断。无奈使了个缓兵之计,说:"眼下我公事太忙,过个十天半月的再给你们断吧。"曹谷两家没办法,也只好各自回家听传。县官回到后堂,急忙给在京为官的曹大人和谷大人分别写了书信,请求各自出面调停调停。曹大人接到书信后心想:"我和谷大人一朝为官,又是同乡,为了一尺墙伤了两家的和气也太寒碜了。"因此急忙提笔给家中写了一封书信,信中写道:"千里捎书一尺墙,让给他人又何妨?万里长城依然在,如今却无秦始皇。"御史谷大人也给家中写了应该"礼让"的书信。两家接到书信后,不但不打架了,而且各自向里退让一尺,留出一条胡同,起名"仁义胡同",供众人走路。

丰润县城几经变迁,可这条宽不过1米,长不过百尺的"仁义胡同",至今还在城内西街保留着。

人际和谐对人生发展具有重要作用。首先,人际和谐是每个人心理健康发展的需要。通过交往体现的人与人之间的爱护、关怀、信任与友谊,是人的精神需要得到满足的重要内容。其次,和谐的人际关系能培养人良好的情绪、开朗的性格和乐观的生活态度,促进人的身心健康发展。另外,人际和谐有利于人的自我实现。比如,和谐的人际关系环境有利于"以人为鉴",以积极的态度去区别人的优点和长处,正确地认识自我和完善自我;有利于在与人交往过程中广泛获得社会知识、经验和社会生活能力,促进人们之间的信息交流和信息共享;有利于人与人之间的互相帮助和互相支持,有助于人的自我价值的实现。

### 2. 受人欢迎的优秀品质

如下图所示,受人欢迎的优秀品质有以下这些:诚实、善良、乐于助人、开朗幽默、善解人意、宽厚大度等。

 **延伸阅读**

看看自己还要从哪些方面提高情商：

高情商——尊重所有人的人权和人格尊严。不将自己的价值观强加于他人。对自己有清醒的认识，能承受压力。自信而不自满。人际关系良好，和朋友或同事能友好相处。善于处理生活中遇到的各方面的问题。认真对待每一件事情。

较高情商——是负责任的"好"公民。自尊。有独立人格，但在一些情况下易受别人焦虑情绪的感染。比较自信而不自满。较好的人际关系。能应对大多数的问题，不会有太大的心理压力。

较低情商——易受他人影响，自己的目标不明确。比低情商者善于原谅，能控制大脑。能应付较轻的焦虑情绪。把自尊建立在他人认同的基础上。缺乏坚定的自我意识。人际关系较差。

低情商——自我意识差。无确定的目标，也不打算付诸实践。严重依赖他人。处理人际关系能力差。应对焦虑能力差。生活无序。无责任感，爱抱怨。

 **诗性智慧**

我们强调要善于处理人际关系，但不是要你去搞关系学，特别不是搞关系网，甚至拉帮结派。成功的人大多是有关系网的人，在这种关系网中，有各式各样的朋友，他们能够从不同的角度为他提供不同的帮助。当然，这并不是说你认识很多人就是有关系网。关系网中自己也要根据朋友们的不同需要为他们提供不同的帮助。所以说到底，只有自己够优秀，才能得到同等资源的帮助，虽然这样听起来有点残酷，但这是事实。所以普遍联系的观点并不是要大家花很多时间去交朋友，在你还没有足够强大、足够优秀时，先别花太多宝贵时间去社交，多花点时间读书，提高专业技能，提升自己的境界，世界才能更大。记住：朋友是吸引来的，你先要"独善吾身"！

**归纳总结**

下列说法说明了什么哲学道理?
1. 城门失火殃及池鱼。
2. 橘生淮南则为橘,生于淮北则为枳。
3. 天时不如地利,地利不如人和。
4. 螳螂捕蝉黄雀在后。

 **思考与训练**

为什么总有人感叹:世界太小了!又有人说:天下没有省油的灯!这两句话是什么意思?

# 第五课　发展变化与顺境逆境

　　世界上没有一成不变的事物，一切事物都是处在生生不息的运动变化的过程中。自然界是变化发展的，地球在刚形成初期，除了构成地球的无机物外，什么都没有，是一个没生命的、死气沉沉的球体。到了30亿年以前，才出现了生命，开始了生命进化的历史。生物的发展又经历了从单细胞到多细胞，从水生到陆生，从无脊椎动物到脊椎动物，最后由类人猿进化到人类，产生了人类社会。人类社会是变化发展的，自从有了人，进化变化的速度更快了。在现代社会，各个领域每天都在发生着日新月异、生生不息的变化，也给每个人人生的发展、改变提供了大量的机会。

## 一、用发展的观点看顺境逆境

### 1. 什么是发展

　　事物的发展不是单纯数量上的增加，不是重复。发展是事物自身性质的突破和飞跃，是新事物代替旧事物的前进、上升的运动。所谓新事物，是指符合事物发展规律和方向、具有强大生命力和远大发展前途的事物。旧事物是指丧失存在的必然性、日趋灭亡的事物。判断新旧事物不能凭出现时间的先后，也不能凭形式上、现象上是否新奇，而是看其是否符合事物发展的必然趋势。

**思考**

佛教和法轮功，哪个是新事物？哪个是旧事物？

### 2. 事物的发展是前进性和曲折性的统一

　　前进性是事物发展的总趋势，新生事物是不可战胜的。因为新事物代替旧事物不是对旧事物的全盘抛弃，而是"扬弃"，是既克服又保留。新事物是在旧事物的基础上产生的，它克服了旧事物中消极、过时和腐朽的因素，保留了其中积极的、合理的因素，并增加了旧事物所不能容纳的新内容，具有旧事物不可比拟的优越性。因此，新事物必然代替旧事物。

　　事物发展的道路是曲折的。新事物的发展不是一帆风顺的，总要经历一个从小到大、由弱到强、从不完善到比较完善的循序渐进和反复曲折的发展过程。事物的发展不是笔直的，而是波浪式前进、螺旋式上升的。前途是光明的，道路是曲折的，是一切事物发展的客观规律。

**诗性智慧**

  为什么说事物的发展是前进性和曲折性的统一？因为新事物必然要战胜旧事物，我们平常说的"邪不压正"就是这种规律的体现，所以事物的发展趋势是前进的。但这种前进不是直线的前进，它是曲折的前进。因为新事物在战胜旧事物的过程中，旧事物是必然要站出来斗争的，它不会因为自己的不符合规律而自动地退出历史舞台，这样的斗争就使新事物的前进之路必然呈现为螺旋式的上升或波浪式的前进。在人类历史上，新发现的真理一开始总是被视为异端，因而遭到统治者乃至全社会的反对和迫害，多少革命先驱凭着非凡的勇气和牺牲精神，为了坚持他们发现的新事物而历尽苦难。比如鲁迅先生，这位疾恶如仇的社会斗士，他深刻地看到封建制度已经束缚了社会的发展，于是尖锐地发出废除吃人的封建礼教的呐喊。历史证明了鲁迅先生确实是洞察人生之真实困境的精神先知，他为中国指出了一条光明之路，是一个真正的伟人。但这个过程也是艰辛的，并不因为他的正确而轻松快捷，因为封建卫道士也是不会善罢甘休的，做了殊死的斗争，斗争的过程使鲁迅先生饱受非议，所以他当时才有了"横眉冷对千夫指，俯首甘为孺子牛"的感慨。

3. 人生发展也是前进性和曲折性的统一

 **哲理故事**

## 河流为什么不走直路

  地理老师把一幅世界河流分布示意图挂在黑板上，问："同学们，这幅示意图上的河流有什么特点呢？"
  "都不是直线，而是弯弯的曲线。"同学们回答说。
  "为什么会是这样呢？"老师继续问。
  同学们七嘴八舌地议论开了。有的说，河流走弯路，拉长了河流的流程，河流也因此能拥有更大的流量，当夏季洪水来临时，河流就不会水满为患了。还有的说，由于河流的流程拉长，每个单位河段的流量就相对减少，河水对河床的冲击力也随之减弱，这就起到了保护河床的作用……
  "同学们，你们说的这些都对。"老师说，"但在我看来，河流为什么不走直路而走弯路，最根本的原因就是，走弯路是自然界的一种常态，而走直路是一种非常态，因为河流在前进的过程中，会遇到各种各样的障碍，有些障碍是无法逾越的，所以它只有取弯路，绕道而行，也正因为走弯路，让它避开了一道道障碍，最终抵达了遥远的大海。"
  说到这里，老师突然把话题一转，说："其实，人生也是如此，当你遇到坎坷、挫折时，也要把曲折的人生看作是一种常态，不悲观失望，不长吁短叹，不停滞不前，把走弯路看成是前行的另一种形式、另一条途径，这样你也可以像那些走弯路的河流一样，抵达那遥远的人生大海。"

把走弯路看成是一种常态，怀着平常心去看待前进中遇到的坎坷和挫折，这是一堂地理课给我们的人生启示。

---

人生发展同样是前进性与曲折性的统一。人的发展不是直线上升的，而是一个循序渐进的、曲折发展的过程。人只有经历成功、失败的反复才能成熟，才能走向成功。生活是复杂多变的，有很多偶然因素，人的发展总是受到主客观各种因素的制约，这就难免遇到挫折和逆境。人生之路就是在曲折中迂回向前发展的过程。

### 诗性智慧

人生的发展也不是直线上升的，而是一个循序渐进、曲折发展的过程。任何人的成功，无不经历了艰苦的磨难和失败的考验。看看那些大智、大勇、大才、大德者，有哪位不是经历了很多坎坷和磨难之后才发展起来的？屈原被放逐而赋《离骚》，司马迁受宫刑而著《史记》；贝多芬晚年失聪而谱《命运交响曲》；南非前总统曼德拉为民族解放事业不懈奋斗，曾被关押了27年大狱，最后终于在南非建立了没有种族歧视的民主制度；邓小平一生经历"三起三落"，几次被打倒，又几次顽强复出，最终为开创中国特色社会主义道路做出了杰出贡献。人在成长的过程中，只要在危机时刻再坚持一下，挺过最难熬的一段，那么紧接着可能就会峰回路转柳暗花明，就是机遇的光顾、奇迹的出现。当然，这一切的前提是你必须坚持正确的方向，才能以正压邪。

## 4. 如何面对人生逆境

天有不测风云，人有旦夕祸福，每个人的人生之路都不是平坦的，挫折和困难在所难免，灾难和痛苦可能随时降临。无论遭遇怎样的失败，都要勇于面对，心中要有一个坚定的信念，抬起头来向前看，继续走下去，成功就在面前！

前途是光明的，道路是曲折的。
——毛泽东

### 哲理故事

#### 这也会过去

古希腊有位国王，找来当时最负盛名的智者苏菲，要求他找一句最富哲理的箴言，这句浓缩了人间智慧的话必须有一语惊人之效，能让人胜不骄，败不馁，得意而不忘形，失意而不伤神，始终保持一颗平常心。苏菲答应了，前提是要国王把他的戒指给他，他把话写在里面。苏菲把戒指还给国王，再三劝告，不到万不得已，不能打开宝石，否则就不灵了。没多久，邻国入侵，城邦沦陷，国王四处逃亡，蓬头垢面，衣衫褴褛，在河边喝水时，看见自己倒影，不禁伤心，曾经气宇轩昂、威风凛凛的他，是现在这副模样，遂欲投河自尽，手碰到戒指，他急切地把宝石拿下，上面刻着这样一句话："这也会过去！"他顿时重燃希望，忍辱负重，东山再起，收复了河山。国王回王宫的第一件事就是把这句话刻在象征王位的宝座上。

### 情境体验

1. 你曾经遭到朋友的背叛吗？当时的心情如何？有没有感到无可挽回？
2. 在学习吃力的时候，你是推卸责任还是自我反省？是不是觉得没有希望了？
3. 失意一定就是失败吗？回忆一下你曾经很为它伤神的失意事，现在还觉得它很严重吗？

### 诗性智慧

人的一生不可能波澜不惊，高低起伏才是人生的常态。但凡成功的人，往往都要经历一段没人支持、没人帮助的黑暗岁月，而这段时光，恰恰是沉淀自我的关键阶段。犹如黎明前的黑暗，熬过去，天也就亮了。《卧薪尝胆》的故事告诉我们如何等待才能获得成功，要想东山再起，从失败中崛起，就要耐心等待，就要埋头苦干，当你蓄足了能量，当机会到来的时候，你的成功就降临了。《论语》中有句话："欲速则不达,见小利则大事不成。"所谓千里马,不一定是跑得最快的,但一定是耐力最好的。所以,懂得等待的人是具有深沉的耐力的,懂得等待的人是具有宽广的胸怀的,懂得等待的人才会受到命运的垂青。

5. 如何看待人生顺境

顺境为人生发展提供机遇和有利条件。在顺境的条件下,人的发展目标和需求可以顺利实现,有利于人主动创造机会,借势而上,不断取得成功。人在不断体验成功的基础上,可以激发出更大的发展动力,从而形成人生发展的良性循环。但顺境也容易使人沉浸于安逸,养成惰性和骄、娇二气,缺乏危机感和奋斗的欲望与冲动,这些恰恰是导致人生失败的因素。长期处于顺境里的人,就像是温室里的花朵,经不起风吹雨打,当逆境来临时,往往表现脆弱,在未来长期的人生发展中反而容易失败。因此在顺境面前,要居安思危,有忧患意识,善于抓住机会,创造机会,促进自身发展。

### 诗性智慧

我们再来看看前面的"这也会过去"的故事。"这也会过去"是何等简单的一句话啊,却如此富有哲理。是的,不管是好事还是坏事,没有任何事情可以永恒不变,生活就是一个不断变化发展的过程。当你在人生最得意的时候,不要忘了,这也会过去,那所有的辉煌也将会不复存在,所以要保持一颗平常心,而不能得意忘形,要居安思危,未雨绸缪;当你处于人生低谷时,你也要告诉自己:这也会过去,所有的失意与不快也将会不复存在。所以,要保持一颗平常心,而不要伤神;当你在人生的征途上又取得胜利时,要记住,这也会过去,不能骄傲,要以良好的心态去迎接新的挑战。生命旅程如浮云,总是起起落落,当它处于低谷时,要知道:这也会过去,不要气馁,要以必胜的信心去冲出低谷……所有的一切,你要记住,这也会过去,便会有一颗平常的心来面对那起伏不定的人生!

## 二、坚持用发展的观点看问题

1. 要把事物如实地看成是一个变化发展的过程

由于客观事物都是一个不断变化发展的过程,都有其过去、现在和未来。因此,我们观察一个事物不但要了解它的过去,观察它的现在,还要预测它的未来。只有弄清楚事物的来龙去脉,追溯过去,立足现实,放眼未来,才能使我们的思想符合不断变化着的客观实际,适应形势的发展。我们研究任何问题,都不能割断其发展的历史过程。

### 思考
1. 囚犯都是坏人吗？
2. 大款永远是大款吗？
3. 你是否曾碰到困难就觉得那是跨不过去的槛？

### 情境体验
1. 你选择朋友是否会考虑他的财富和社会地位？
2. 有些女孩喜欢"傍大款"，对此你怎么看？
3. 朋友因为认知上的偏差而伤害过你，你会因此永远拒绝他吗？

### 2. 要弄清事物在其发展过程中所处的阶段

事物都有其产生、发展和灭亡的过程，而事物在每个阶段所处的地位、作用和状况又是不同的。我们要正确认识事物所处的发展阶段。

### 思考
1. 如何看待我国目前生产力和科技水平与发达资本主义国家之间的差距？
2. 如何看待反叛期孩子、青春期女孩、更年期妇女？

### 情境体验
1. 如果你处于青春期，心理上有一些恼人的变化，你会认为自己就是一个很不好的孩子吗？
2. 如果别人因为心里有事而没有好脸色，你会计较吗？
3. 如果你家里有个处于更年期的妈妈，你会计较她因为心里烦躁而给你带来的困扰吗？

## 三、事物发展的两种状态——量变和质变

### 1. 量变和质变的概念

**（1）量变**

量变是事物数量的增减、场所的变更以及事物内部各个组成部分在空间排列组合上的变化。量变是一种渐进的、不显著的变化。

### （2）质变

质变是事物根本性质的变化，是一事物变为另一事物。质变是事物由一种质态向另一种质态的飞跃，是一种根本的、显著的变化。如：打工仔成为老板；冰加热化成水，水加热变成水气；植物腐烂后，又变成养料；上了6年小学，升上初中变成初中生；等等。

冰冻三尺，非一日之寒。
——王充

水滴石穿，绳锯木断。
——罗大京

勿以善小而不为，勿以恶小而为之。
——刘备

## 2. 量变和质变的辩证关系

### （1）量变是质变的必要准备

 **哲理故事**

#### 傻子吃饼

有一个笑话，说一个傻子去吃烧饼，一块吃了7个，当他吃到第7个的时候突然醒悟地说："我要是早知道吃第7个就饱的话，只吃第7个就可以了，就不用吃那另外6个了！我太笨了！"

傻子的可笑之处在于他没有认识到事物要发生质变，首先是从量变开始的，当量变达到一定程度时才可能发生质的变化。

不积跬步，无以至千里；不积细流，无以成江海。
——荀子

合抱之木，生于毫末；九层之台，起于垒土。
——老子

千里之行，始于足下。
——老子

善不积不足以成名，恶不积不足以灭身。
——《周易》

**思考**

1. 给一块 -30℃ 的冰加热，直到蒸发成水气，这个过程中哪些是量变？哪些是质变？

2. 一个孩子从幼儿园到大学，中间经历了哪些量变和质变？

（2）质变是量变的必然结果

 **哲理故事**

### 象牙筷子

商纣王在刚开始请工匠用象牙为他制作筷子的时候，他的叔父箕子就表示出了一种担忧。箕子认为，既然你使用了稀有昂贵的象牙作筷子，与之相配套的杯盘碗盏就再也不会用陶制土烧的笨重物了，而必然会换成用犀牛角、美玉石打磨出的精美器皿。餐具一旦换成了象牙筷子和玉石盘碗，你就一定不会再去吃大豆一类的普通蔬菜，而要千方百计地享用牦牛、象、豹之类的胎儿等山珍美味了。紧接着，在尽情享受美味佳肴之时，你一定不会再去穿粗布缝制的衣裳，住在低矮潮湿的茅屋下，而必然会换成一套又一套的绫罗绸缎，并且住进高楼大厦之中。

箕子害怕照此演变下去，必定会带来一个悲惨的结局。所以，他从纣王一开始制作象牙筷子起，就感到了一种不祥的恐惧。

事情的发展果然不出箕子所料。仅仅过了5年光景，纣王就演变到了穷奢极欲、荒淫无耻的地步。在他的王宫内，挂满了各种各样的兽肉，多得像一片肉林；厨房内添置了专门用来烤肉的铜格；后园内经过酿酒后剩下的酒糟已经堆得像座小山了，而盛放美酒的酒池竟大得可以划船。纣王的腐败行径，不仅苦了老百姓，而且将一个国家搞得乌七八糟，最后终于被周武王所剿灭。

---

箕子能从象牙筷子的苗头，推断出商纣王必然亡国的命运，深刻地说明了"千里之堤，毁于蚁穴"的道理。如果对小的贪欲不能进行有效的遏制，任其发展，最终必然会酿成大的灾难，造成大的罪恶。

 **延伸阅读**

### 破窗理论

美国斯坦福大学心理学家詹巴斗进行了一项试验，他把两辆一模一样的汽车分别停放在帕罗阿尔托的中产阶级社区和相对杂乱的布朗克斯街区。对停在布朗克斯街区的那一辆,他摘掉了车牌,并且把顶棚打开,结果不到一天就被人偷走了;而停放在帕罗阿尔托的那一辆,停了一个星期也无人问津。后来,詹巴斗用锤子把这辆车的玻璃敲了个大洞,结果仅仅过了几个小时车就不见了。以这项试验为基础,政治学家威尔逊和犯罪学家凯林提出了"破窗理论"。他们认为:如果有人打坏了一栋建筑上的一块玻璃,而这扇窗户又没有被及时修复,别人就可能受到某些暗示性的纵容,去打烂更多的玻璃。久而久之,这些窗户就给人造成一种无序的感觉。结果,在这种公众麻木不仁的氛围中,犯罪就会滋生、蔓延。

量变不会单纯地持续下去,达到一定程度,就会发生质变,因此,及时修好"第一扇被打碎玻璃的窗户"显得非常重要。对此中国古代典籍中早有表述。《韩非子·喻老》中说:"千丈之堤,以蝼蚁之穴溃;百尺之室,以突隙之烟焚。"《三国志》中记载刘备在遗诏中嘱咐继位的儿子刘禅:"勿以恶小而为之,勿以善小而不为。"《战国策·楚策》中说:"见兔而顾犬,未为晚也;亡羊而补牢,未为迟也。"

一扇"破窗",对于一个社会来说微不足道,但是每天发生的小事,比如随地扔垃圾、践踏草坪等,都如一扇完整的窗户被无端打破,给社会留下一个小小的伤口。如果这些现象没有得到及时制止,最终就会像毒瘤一样危害整个社会。例如,在环境优美的场所就没有人随地吐痰,大声喧哗;而在脏乱的地方,即使竖起"禁止喧哗""严禁吸烟"的牌子也难以奏效。在公园里,假如第一个人摘取花坛里的鲜花后,其他人则纷纷效仿,那么鲜花将被一摘而光。因为人都会有潜意识的模仿,人天生具有攀比性和从众性,一件好事能促使人们见贤思齐,同样,一件坏事得不到及时制止与纠正,也会带来不良的社会效果。

## 四、质量互变规律的实践意义

### 1. 要重视量的积累

既然事物发展都是从量变开始的,没有一定程度的量的积累,就不可能有事物质的变化,就不可能有事物的发展。所以,我们一定要注意做艰苦的量的积累工作。

> 种下思想,收获行动;种下行动,收获习惯;种下习惯,收获品格;种下品格,收获命运。
> ——西方谚语
>
> 勤学如春起之苗,不见其增,日有所长;辍学如磨刀之石,不见其损,日有所亏。
> ——陶渊明

**情境体验**

1. 你身边有没有不如你聪明但成绩比你好的同学?想想这是为什么?

2. 一定量的操行分可以折算成学分，你是不是很羡慕？那有没有想过这些同学的操行分是如何得来的？

3. 开学时，面对宿舍满室的狼藉，是否需要耐心一点一点地收拾？这里面哪是量变哪是质变？

 **诗性智慧**

> 做好小事是做大事的最好阶梯。有很多人不屑于做具体的事，总盲目地相信"天将降大任于斯人也"。殊不知千里之行，始于足下。老子说过，"天下大事必作于细，天下难事必作于易"。了解细节之精髓的人，是聪明的人；用细节来塑造自己的人，是成功的人。一心追求伟大，渴望伟大，伟大却无影踪；甘于平淡，认真做好每个细节，伟大却不期而至。摩天大楼是一砖一瓦从平地砌造的，浩瀚的大海也是小溪小流汇聚而成的。临渊羡鱼，不如退而结网！只有从生活中一点一滴的小事做起，才有最后的收获和成功！西方谚语"罗马不是一天建成的"，还有中国成语"铁杵磨针""水滴石穿""跬步千里"都告诉了我们只有耐心地、踏实地做好量的积累，才会有质的飞跃。

2. 要不失时机促成飞跃

我们做任何事情都要从一点一滴的小事做起，勿以善小而不为，要脚踏实地、埋头苦干，积极做好量的积累，为实现事物的质变创造条件。在量变已经达到一定程度、只有改变事物原有的性质才能向前发展时，要果断地抓住时机，不失时机地突破其范围和限度，积极促成质变，实现事物的飞跃和发展。这时，如果畏缩不前，就会贻误时机。不论一个人还是一个国家，只有善于抓住机遇，才能赢得主动；只有努力赢得优势，才能加快发展。拔苗助长、急于求成或优柔寡断、缺乏信心，都是不可取的。

 **哲理故事**

> **功亏一篑**
>
> 古时，七尺为一仞，"篑"就是装土的筐子。要建成一座九仞高的山，连土带石，一筐一筐地往上堆积，堆到差不多九仞高了，只要再加一筐，就能大功告成。可惜，建山的人没能坚持到底，只差最后一筐没有加上去，因此，这座九仞高的山，就没有建成。
>
> 这个成语告诉我们无论做任何事，都要有始有终，踏踏实实，坚持到底，否则，虽然只差一点，也会前功尽弃。历代许多激励人们坚持不懈的格言警句都出自于这句话，如"功勤一篑可成山，由少而多莫惧烦"等。

> 十年之功，废于一旦。
> ——岳飞
> 差之毫厘，失之千里。
> ——《礼记·经解》

**情境体验**

1. 60 分及格的话，假如你只考了 59 分，你感受如何？
2. 有一同学在毕业之前一个月因打架被开除，你为他感到可惜吗？
3. 你遭遇过不小心前功尽弃的情境吗？谈谈你当时的感受。

### 3. 要掌握适度原则

事物的量变达到一定程度时，就必然发生质变。质变是量变的必然结果。这里特别要注意这个"一定程度"，也就是质变发生的一定条件。什么叫"度"？从哲学上讲，任何事物发生质变，都有一个"度"的问题。度指的是决定事物的数量界限，也就是使事物发生质变的临界值。只有把握了事物的度，才能区别一事物与他事物的界限，真正认识事物的质。所以，在实践中要掌握好"适度"的原则，防止"过"和"不及"两种片面性。当需要保持事物的一定质的时候，就必须把量控制在一定的限度之内，不能使它超出一定的度，防止事物发生对我们不利的质变。比如，如果我们需要液态的水，就要努力使水温保持在 0℃～100℃；如果我们炼钢，就要使钢水的含碳量控制在 0.04%～1.7%。通常说的"注意分寸""掌握火候""适可而止""过犹不及""适得其反""乐极生悲"都是要求在实践中坚持适度原则。

> 多行不义必自毙。
> ——《左传》

**哲理故事**

#### 孔子心目中的"度"

孔子的学生子张，天资聪颖，但性格急躁，做事情往往超过恰到好处的标准，其缺点是"过"。孔子的学生子夏，天资较差，性格慢条斯理，做起事情来往往达不到恰到好处的标准，其缺点是"不及"。子贡问孔子："这两个人谁更强一些？"孔子说："过犹不及"。孔子的学生曾参，以孝敬父母著称。一次他到瓜田铲草，不小心把瓜苗的根铲断了。父亲十分生气，抡起棍子劈头盖脸地狠打他。曾参既不躲闪也不求饶，任凭父亲打得头破血流，昏倒在地。孔子得知此事，心里很不高兴，不让曾参上学。曾参不明其意，托人去问孔子。孔子说："做儿女的有过错，父母拿小棍子轻打，应该站着受罚；如果动用大棍子，就必须逃走，以免受伤。"可是，曾参却在父亲暴怒时，情愿被打死也不走，这不是陷父母于不仁吗？曾参的过错并不比不孝顺的人轻。

 **延伸阅读**

### 刺猬效应

"刺猬效应"来源于西方的一则寓言，说的是在寒冷的冬天里，两只刺猬要相依取暖，一开始由于距离太近，各自的刺将对方刺得鲜血淋漓，后来它们调整了姿势，相互之间拉开了适当的距离，不但互相之间能够取暖，而且很好地保护了对方。

教育心理学家根据这一寓言总结出了教育心理学上著名的"刺猬效应"。这一效应的原理是：教育者与受教育者日常相处只有保持适当的距离，才能取得良好的教育效果。

刺猬法则强调的就是人际交往中的"心理距离效应"。运用到管理实践中，就是领导者如要搞好工作，应该与下属保持亲密关系，但这是"亲密有间"的关系，是一种不远不近的恰当合作关系。与下属保持心理距离，可以避免下属的防备和紧张，可以减少下属对自己的恭维、奉承、送礼、行贿等行为，可以防止与下属称兄道弟、吃喝不分。这样做既可以获得下属的尊重，又能保证在工作中不丧失原则。一个优秀的领导者和管理者，要做到"疏者密之，密者疏之"，这才是成功之道。

 **情境体验**

1. 你认为人与人之间的关系越亲密越好吗？为什么？
2. 很大压力和很没压力的情况你体验过吗？这两种情况对完成任务有帮助吗？
3. 人追求的目标是不是越多越好？为什么？

## 诗性智慧

凡事都要把握个"度",人与人之间的距离也是。"亲密无间"似乎是用来形容最好的那种人际关系的,但其实,最好的关系应该是"亲密有间"。也就是说,两个人即使非常亲密,也要保持一个必要的距离。所谓必要的距离,是指各人仍应是一个独立的个人,应该都有各自的隐私。假如没有一个属于自己的私人领域,两个人简直就是被捆绑在一起,当几乎成了一个人的时候,双方都失去了个性自由发展的空间,且彼此之间对对方的忠诚度的期望值都是很高的,因为我已经对你掏心掏肺了,也要求你必须对我做到这一点,于是会慢慢失去对对方的"不忠"的承受能力,稍微不慎,便会有"叛徒"的嫌疑,双方的关系已如绷紧的弦,那是很危险的。所以,无论跟谁都好,都要有保持必要距离的觉悟,那是一种尊重对方独立人格的觉悟,唯有保持这种觉悟,彼此关系才能稳固长久,这样的相处才是高质和谐的。

## 归纳总结

分析下面几个句子:

1. 一切都是瞬间,一切都会过去,而那些过去了的,将成为亲切的回忆。——普希金

2. 要冷静地观察一切,要记住:一切都会过去,一切都会变好的。——高尔基

3. 人生在世,幼儿认为什么都不懂,大学时以为什么都懂,毕业后才知道什么都不懂,中年又以为什么都懂,到晚年才觉悟一切都不懂。——林语堂

## 思考与训练

分析几个成语和句子:

1. 星星之火,可以燎原。
2. 水滴石穿
3. 竹中一滴曹溪水,涨起西江十八滩。——苏轼
4. 趁热打铁
5. 过犹不及

# 第六课　矛盾观点与人生动力

现代科技和经济社会的发展大大改变了人们的生活方式，但也带来了许多新的问题，轿车使人的出行更为便捷，但过多轿车的生产和使用，造成了城市交通拥堵、交通事故上升，还造成了环境污染。智能手机给我们生活带来了许许多多的便利，但同时也给我们生活带来了许多困扰，也带来了诸多人际甚至社会问题。

凡事都有两面性，社会发展是这样，人生发展又何尝不是如此？

## 一、矛盾概念及其基本属性

1. 矛盾就是对立统一

**哲理故事**

### 自相矛盾

从前，楚国有一个人，他在街上卖矛和盾，他夸自己的矛说："我的矛很锐利，没有什么盾牌它刺不破。"大家半信半疑，没有人理他。他见没有反应，就把矛收起来，拿出一块盾牌来，又说大话："我的盾很坚固，没有什么武器能刺破它。"这时候，有人质问他："如果用你无坚不摧的矛，来刺你坚不可摧的盾，结果会怎样？"那个人听了这番话，觉得自己吹牛吹得太大了，只好满脸尴尬地走开了。

寓言故事的《自相矛盾》跟我们要学的矛盾概念是不同的，故事里的是逻辑矛盾，哲学上讲的矛盾是辩证矛盾。

一切事物的内部都包含着两个方面，这两个方面既是相互排斥、相互对立的，同时又是相互依赖、相互统一的。矛盾就是指事物内部两方面之间既对立又统一的关系。简言之，矛盾就是对立统一。比如说，我们学过的一对对反义词，如冷和热，好和坏，干和湿，先进和落后，它们所代表的事物就构成了一对对的矛盾。

2. 矛盾的基本属性

**（1）矛盾的同一性**

矛盾双方是对立的，这很容易理解，如社会上的好人和坏人，他们之间是要斗争的，那么如何理解他们之间又是统一的这个问题呢？那就要先了解矛盾双方的同一性问题。矛盾双方的同一性是指矛盾双方相互联系的性质，它包括两个方面，如下图所示：

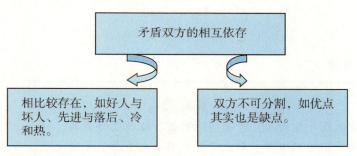

矛盾的同一性表现在双方的相互依存和相互转化两个方面，其中，相互依存就是双方谁也离不开谁。为什么任何一方都离不开对方呢？首先它们之间要相比较才能存在。比如说"冷"没有"热"做对比，其实是不存在的。大家思考一个问题：20℃是冷的还是热的？无法判断！夏天，相对于外面35℃的高温，室内冷气调到20℃，这是冷的温度；冬天，相对于室外5℃的低温，室内的20℃是暖的。许多同学会说20℃不冷也不热，刚刚好，那是因为20℃相对于人体的温度即37℃来讲是比较舒适的，也是一个比较的问题。

这就是"冷"和"热"双方的相互依存。

如上图所示，矛盾双方的相互依存还表现在双方的不可分割。比如说，每个人身上的优点其实也是他的缺点，而缺点也正是他的优点。比如，一个急性子的人，你说急性子是他的优点还是缺点？有人会夸他有行动力，所以急性子是他的优点，而有的人会说他太急躁，那么急性子就是他的缺点。又如，一个很有魄力的人，有人会夸他有决断力，而有的人会说他太强势。秦始皇当年因为有严明的法律而统一了六国，但后来又因为严刑峻法而灭了国，所以，正反两方的特性，总是统一于同一事物上，不可分割。

> **名言**
>
> 君以此始，则必以此终。
> ——《左传》

 **哲理故事**

---

### 许敬宗答唐太宗

唐太宗问许敬宗说："我看满朝的文武百官中，你是最贤能的一个，但还是有人不断地在我面前谈论你的过失，这是为什么呢？"

许敬宗回答说:"春雨贵如油,农夫因为它滋润了庄稼而喜爱它,行路的人却因为春雨使道路泥泞难行而嫌恶它;秋天的月亮像一轮明镜辉映四方,才子佳人欣喜地对月欣赏,吟诗作赋,盗贼却讨厌它,怕照出了他们丑恶的行径。无所不能的上天且不能令每个人满意,何况我一个普通人呢?我没有用肥羊美酒去调和众口是非,况且,是非之言本不可听信,听到之后,也不可传播。君王盲目听信臣子的,可能要遭受杀戮;父亲盲目听信儿子的,可能要遭受诛杀;夫妻听信谗言,可能会离弃;朋友听信谗言,可能会断交;亲人听信谗言,可能会疏远;乡邻听信谗言,可能会生分。人生有七尺高的身躯,要谨慎对待听到的传言,舌头上有龙泉剑,杀人不见血。哪个人在人前没有说过别人?哪个人背后不被别人评说?"唐太宗说:"你讲得很好,我会记住的!"

矛盾双方的同一性还表现在双方是相互转化的,如成功和失败、先进和落后、好事和坏事等,都是在一定的条件下相互转化的。

 **哲理故事**

## 塞翁失马

战国时期边塞有一位老人,大家叫他塞翁。他养了许多马,一天,马群中忽然有一匹马走失了。邻居们听到这事,都来安慰他不必太着急,年龄大了,多注意身体。塞翁见有人劝慰,笑着说:"丢了一匹马损失不大,没准还会带来福气。"

邻居们听了塞翁的话,心里觉得好笑。马丢了,明明是件坏事,他却认为也许是好事,显然是自我安慰而已。可是过了没几天,丢失的马不仅自行回家,还带回一匹骏马。

邻居们听说马自己回来了,非常佩服塞翁的预见,向塞翁道贺说:"还是您老有远见,马不仅没有丢,还带回一匹好马,真是福气呀。"

塞翁听了邻人的祝贺,反倒一点高兴的样子都没有,忧虑地说:"白白得了一匹好马,不一定是什么福气,也许会惹出什么麻烦来。"

邻居们以为他故作姿态,纯属老年人的狡猾,他心里明明高兴,有意不说出来。塞翁有个独生子,非常喜欢骑马。他发现带回来的那匹马顾盼生姿,身长蹄大,嘶鸣嘹亮,彪悍神骏,一看就知道是匹好马。他每天都骑马出游,心中洋洋得意。

一天,他高兴得有些过火,打马飞奔,一个趔趄,从马背上跌下来,摔断了腿。邻居们听说了,纷纷来慰问。

塞翁说:"没什么,腿摔断了却保住了性命,或许是福气呢。"邻居们觉得他又在胡言乱语。他们想不出,摔断腿会带来什么福气。

不久,匈奴兵大举入侵,青年人都被应征入伍,塞翁的儿子因为摔断了腿,不能去当兵。入伍的青年都战死了,唯有塞翁的儿子保全了性命。

《三国演义》的开篇是："天下大势，分久必合，合久必分。"大家能不能理解？其实我们生活中还有很多成语、俗语同样说明了矛盾双方的相互转化。如"柳暗花明""峰回路转""乐极生悲""三十年河东，三十年河西""风水轮流转""否极泰来""祸，福之所依，福，祸之所伏""失败乃成功之母""胜不骄，败不馁""黎明前的黑暗""冬天已经来了，春天还会远吗？"。你还能说出说明矛盾双方相互转化的成语、俗语吗？

> 有无相生，难易相成，长短相形，高下相倾，声音相和，前后相随。
> ——老子
>
> 假如没有小偷，锁会达到今天这样的完善吗？
> 假如没有假钞票，钞票的制造会有这样精美吗？
> ——马克思

（2）矛盾的斗争性

矛盾的斗争性引起矛盾双方力量对比的变化，推动事物的发展。

### 延伸阅读

在美洲的一条大河两岸生活着同一种羚羊，人们发现，生活在河东岸的羚羊繁殖能力比西岸的强，并且奔跑能力也不一样，东岸的羚羊奔跑速度要比西岸的羚羊快好多。对这些差别，除了东岸有狼群活动以外，其他的生活环境和食物都相同。在河东西两岸各捉了10只羚羊送到对岸，结果，送到西岸的羚羊繁殖到了14只，而送到东岸的只剩下了3只，另外7只都被狼吃掉了。东岸的羚羊之所以强健，是因为它们附近生活着狼群，它们为了生存，天天生活在一种"竞争氛围"中，反而越来越强健，而西岸的羚羊之所以弱小，是因为它们缺少天敌，没有生存压力，即没有狼的追捕，没有狼和羊之间矛盾的推动。

## 二、矛盾的基本属性给我们的启示

### 1. 矛盾双方的相互依存原理给我们的启示

首先，不追求完美。每个人都有追求完美的心，这说明我们是热爱生活的。但是你知道吗，太过追求完美其实也是在刻薄自己。

**诗性智慧**

> 有人说，追求完美是痛苦的根源，这是有一定道理的。学习了矛盾双方的相互依存原理之后，我们知道这世界完美是不存在的。比如说，你喜欢一个人的聪明，但你知道吗，聪明人解决问题是比较有办法，但可能会比较狡诈；你喜欢一个人的勇猛，但他可能会比较冲动，甚至暴戾；你喜欢一个人的顺从，但他可能会比较没主见；你喜欢去大型游乐场所游玩，可是有些同学会因为价格高而接受不了；你不喜欢限制了你某些自由的班规，但也是班规让大家的学习和生活比较有序。也就是说，任何事物都有两面性，那是因为矛盾双方统一在它身上，所以完美是不可能的，我们要做的就是在追求自己喜欢的那一面的同时，要学会包容它所必然存在的你不喜欢的另一面。

其次，要学会一分为二地看问题。我们先来看看《盲人摸象》的故事。

 **哲理故事**

### 盲人摸象

从前，印度有一位国王，他养了许多大象。有一天，他正坐在大象身上游玩，忽然看见一群瞎子在路旁歇息，便命令他们走过来，问他们："你们知道大象是什么样子吗？"瞎子们同声说道："陛下，我们不知道。"国王笑道："你亲自用手摸一摸吧，然后向我报告。"瞎子们赶紧围着大象摸起来。过了一会儿，他们开始向国王报告。摸到象耳朵的瞎子说："大象同簸箕一样。"摸到象腿的瞎子说："大象和柱子一样。"摸到象背的瞎子说："大象好似一张床。"摸到象尾的瞎子说："大象好似绳子。"国王听了哈哈大笑起来。原来他们把自己摸到的某一个部分误认为是全体。

后来人们使用"盲人摸象"来形容那些观察事物片面、只见局部不见整体的人。

这个故事说明了一个道理：片面地看问题是不可能正确的！那如何才能全面地看问题呢？矛盾双方的相互依存原理告诉我们：矛盾双方是如影随形地统一在一个事物身上的，那么要全面地看问题就是要看到矛盾的两个方面，即"一分为二"地看问题，这才是科学的思维方法。这种思维方法也叫"二分法"。

请大家思考以下问题：①"西方圣人"苏格拉底说过：漂亮、聪明、富裕并不是纯粹的好事。你如何理解他的话？②当你生一个人的气的时候，是否能想起他曾经的好？③当你觉得自己很不幸的时候，能否从另一个角度看到自己的幸福？

**名言**

兼听则明，偏信则暗
——王符

### 诗性智慧

　　漂亮是每个女孩孜孜以求的美事，但哲学家却认为那不是纯粹的好事，这是不是颠覆了大家原来的观念？西方有一句谚语"漂亮是上帝对女人的诅咒"，我们中国也有"红颜薄命"之说。其实没有这样的必然性，美本身没有错，相反，漂亮的女孩因为赏心悦目而拥有更多的优势。但这两句俗语也说明了上天对漂亮的人提出了一些特殊的考验。比如，能否超凡脱俗，不因为外形的漂亮而忽略内在的修养，毕竟生活最终考验的是一个人内在的力量；能否正确地处理跟异性的关系，因为追求者会比较多；能否正确对待嫉妒；等等。如果经不起这些考验，漂亮往往会成为一个女孩的绊脚石，可见漂亮也是好事与坏事的统一体。至于聪明、富裕，也是一样的道理，都有两面性，请大家尝试自己分析。关于第二个问题，两个人相处久了，总会有一些小摩擦，有时我们会因为一些小事生对方的气，但每个人都是正确和错误的统一体，谁没有犯错的时候？如果因为人家的一点错误而抹杀了他以前的种种正确，那是不公平的，也有碍于自己情绪的平和。所以，生气时，请想起别人的好，你心中的怒气就会烟消云散，胸怀自然就开阔了。关于第三个问题，人在碰到挫折情绪低落的时候，往往会觉得自己是不幸的，但你有没有想过，其实自己身上拥有许多别人得不到的东西，比如说有的人抱怨鞋子不好看，但世上还有没有脚的人呢！可见每个人都是富裕与贫穷的统一体。所以要懂得珍惜自己的所有，记住：享受你所拥有的，你就处在快乐的山顶；贪婪你所没有的，你就跌入痛苦的谷底！

2. 矛盾双方的相互转化原理给我们的启示

　　首先，保持平常心，做到宠辱不惊，也要居安思危。生活中你是否因取得一点点成绩就沾沾自喜，碰到一点点挫折便萎靡不振？这些都是心理不成熟的表现。

### 诗性智慧

　　有一为名医说过：最好的心情是宁静！也就是说，欣喜若狂和悲伤压抑都是不健康的情绪。从哲学的角度讲，这句话也是很有道理的，因为就如老子所说，祸福相随！保持宁静的平常心能更好地应对变幻无常的世事。但大家这个年龄的生活经验还不足以判断事情本身是好事还是坏事，年轻的心灵也不该心如止水，很难做到波澜不惊。但这个原理告诉我们：如果把自己完全交给外物去支配，就会迷失在外部生活中，顺境中不懂居安思危，逆境中就无法鼓起战胜困难的勇气。所以认清世界的这一规律，建立自己的精神家园，经常要保持自己心情平静、情绪稳定，才能有足够的勇气去承受外界的压力，有足够的清醒去面对形形色色的诱惑。这是我们学习矛盾双方相互转化原理的最大意义。

其次，不能用见风使舵的态度对待他人。有些人会认为见风使舵是一种聪明，是识时务的一种表现，其实不然。

 **诗性智慧**

> 你是否欺凌过身处逆境的弱者？你是否曾经对强者阿谀奉承？这两者都是心灵贫乏的表现，高贵者是不恃强凌弱、趋炎附势的。从心理学的角度来看，不尊重他人其实就是自尊水平低的表现，一个人如何对待他人，充分地体现了自己的自尊，或者说，体现自我价值感、自我接纳程度。矛盾双方相互转化原理还告诉我们：他人身上的成功与失败一样是会相互转化的，明白了这个道理，我们就要以平常心来做一个精神贵族，诚恳待人，同情弱者，不见风使舵，要以不变应万变。

### 3. 矛盾双方的斗争性原理给我们的启示

人总是在矛盾中成长，是矛盾推动着我们的成长。但矛盾能否帮助我们进步，能有多大进步，关键在于当矛盾来临的时候，你是选择放弃、埋怨，还是选择面对、跨越。

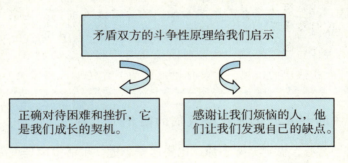

 **诗性智慧**

> 我们生活中都会碰到困难和挫折，这其实就是理想和现实这一对矛盾斗争的结果，如果现实战胜了理想，即理想很丰满，现实很骨感，那么挫折便产生了。你如何看待挫折，挫折就会为你带来什么。其实所有的挫折至少都是"增益其所不能"的考验，让我们能从中发现自身问题，找到差距，从而激发起挑战困难的勇气，取得前进的动力。如果在挫折造访时，我们能怀着感恩的心情，看到挫折可能给我们带来的利好，一切就会很快变得云淡风轻，因为我们已经明白，所有的不如意，都是让我们拥有更多智慧、更强力量的恩典，它将让我们进行一次又一次的自我革命，从而成就饱满盈润的人生。

思考

1. 你憎恨过欺骗你的人吗？其实他们增进了你的智慧。
2. 你认为激励你的，是顺境还是逆境？
3. 还在为自己做错了什么事感到沮丧懊恼吗？恭喜你，你又向前迈进一步了。

 诗性智慧

> 你是否曾为遇人不淑而懊恼？其实，我们要感谢出现在我们生命中的任何人和任何事，因为是它们促成了我们的成长。每个人遇到的人和事不一样，只能意味着每个人的成长方式不同，而不意味着成长结果的区别。古人云：生于忧患，死于安乐！生活中我们总会碰到一些对我们有敌意的人，他们也许是对我们的为人、工作能力、做事态度不满、嫉妒，所以总会让我们有很受伤的感觉。但是，由于有这些人的存在，我们将变得前所未有的坚强，我们的忍耐力将得到前所未有的提升，我们将更加注意工作方法，我们做事将更加小心谨慎，总之，我们的心智和能力将得到大幅度提高。因此，对于以这种方式帮助我们成长的人，我们不能一味地抱怨、报复或者逃避。我们要感谢真诚帮助过我们的人，也感谢伤害过我们的人；感谢义无反顾信任我们的人，也感谢不屑一顾看轻我们的人，因为他们都是成就我们的人。

 归纳总结

1. 分组讨论下面几个句子。
（1）最好的心情是宁静。
（2）君以此始，则必以此终。
（3）兼听则明，偏信则暗。
（4）生于忧患死于安乐。
2. 下面三幅漫画各包含着什么哲学道理。

漫画一：你拥有的正是别人得不到的

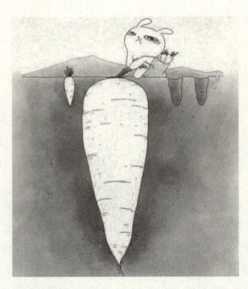

漫画二：有时你会觉得特别艰难，上帝也许在给你准备惊喜

漫画三：很高很大的松树，也有很矮很小的时候

## 思考与训练

1. 请分析苏格拉底的话——漂亮、聪明、富裕并不是纯粹的好事。
2. 写一篇不少于 300 字的小论文。

## 三、事物发展的内因和外因

### 1. 内因外因及其关系

唯物辩证法认为事物的运动、发展主要是由事物的内部矛盾引起的，同时也受外部条件的影响。内因是事物的内部矛盾，外因是一事物和其他事物的相互影响和相互作用，即外部矛盾。任何事物的存在和发展都是内因和外因共同作用的结果。但是，内因和外因在事物发展中的地位和作用是不同的。

首先，内因是事物发展变化的根据，是第一位的原因。因为内因是事物存在和发展变化的深刻基础，内因是一事物区别于其他事物的内在本质，内因规定事物发展的基本趋向，内因是事物发展的内在动力。自然界、人类社会和人的思想变化，都是其内部矛盾所引起的。比如，影响身高的因素有许多，如营养运动等，但最关键的还是遗传。

 **哲理故事**

### 伤痕实验

美国科研人员进行过一项有趣的心理学实验，名曰"伤痕实验"。他们向参与其中的志愿者宣称，该实验旨在观察人们对身体有缺陷的陌生人作何反应，尤其是面部有伤痕的人。每位志愿者都被安排在没有镜子的小房间里，由好莱坞的专业化妆师在其左脸做出一道血肉模糊、触目惊心的伤痕。志愿者被允许用一面小镜子照照化妆的效果后，镜子就被拿走了。关键的是最后一步，化妆师表示需要在伤痕表面再涂一层粉末，以防止它被不小心擦掉。实际上，化妆师用纸巾偷偷抹掉了化妆的痕迹。对此毫不知情的志愿者，被派往各医院的候诊室，他们的任务就是观察人们对其面部伤痕的反应。规定的时间到了，返回的志愿者竟无一例外地叙述了相同的感受——人们对他们比以往粗鲁无理、不友好，而且总是盯着他们的脸看！可实际上，他们的脸上与往常并无二致，什么也没有不同；他们之所以得出那样的结论，是错误的自我认知影响了他们的判断。

从实验中可以看出，一个人内心怎样看待自己，在外界就能感受到怎样的眼光。由此也可以解释，为什么一个内心烦躁的人纵然身处幽静也是狂躁不安的，一个内心清静的人虽然深处闹市，他的世界还是清静的，一个不爱学习的人就是给他最好的老师，效果也是不佳的。因为一切都是由内因主导。

从以上故事和实验可以看到，许多问题其实都出在自己身上，只有改变自己，或者自己的心态，外境，包括人、事、物，才能发生改变。

其次，外因是事物存在和发展的必要条件，是事物变化发展所不可缺少的因素。内因只是规定了事物发生变化的可能性，然而可能性不等于现实，只有具备了一定的外因即外部条件，这种可能性才会转变为现实。外因在事物发展中的作用，表现为它可以促进或者阻碍事物内部因素的形成和成熟，从而起着加速或者延缓事物变化发展过程的作用。

 **哲理故事**

### 孟母三迁

孟子小的时候，住在墓地旁边。孟子就和邻居的小孩一起学着大人跪拜、哭嚎的样子，玩起办理丧事的游戏。孟子的妈妈看到了，就皱起眉头："不行！我不能让我的孩子住在这里了！"孟子的妈妈就带着孟子搬到市集旁边去住。到了市集，孟子又和邻居的小孩，学起商人做生意的样子，一会儿鞠躬欢迎客人，一会儿招待客人，一会儿和客人讨价还价，表演得像极了！孟子的妈妈知道了，又皱皱眉头："这个地方也不适合我的孩子居住！"于是，他们又搬家了。这一次，他们搬到了学校附近。孟子开始变得守秩序、懂礼貌、喜欢读书。这个时候，孟子的妈妈很满意地点着头说："这才是我儿子应该住的地方呀！"于是就在此住下了！

**思考**

孟母为什么要三迁居所？

再次，外因通过内因起作用。外因对事物的变化发展所起的作用，表现在对事物内部矛盾的影响上，外因只能通过增强或者削弱内部矛盾的某一方面的力量而起作用。

**哲理故事**

### 奕秋教棋

在战国时代的齐国，有一位著名的下棋能手叫奕秋。由于他棋艺高，名气大，从各地慕名而来的学生不少，结果是，有的学生只学了半年，便成了下棋的高手；可也有的学了一年，甚至两年，结果还是棋艺不高。有人便去问奕秋，这是怎么一回事。奕秋说："下棋是个简单的技艺，可是不集中精力专心致志仍然是学不好的。从前，我收过两个学生，一个学生精力集中地听我讲棋艺，又认真观察我下棋，天天想的看的听的做的无非都是棋，结果棋艺大有长进，只用半年时间，就成了全国下棋的高手。另一个学生，我讲棋艺时，他端坐在那儿，貌似听讲，其实他的心里早就胡思乱想起来。他总觉得天空中有一只天鹅飞过，他正要拉起弓来射它呢！我的话他根本听不进去。我下棋时，他也不认真观察，忽而玩弄这个，忽而张望那个，像这样的学生，别说教他一年，就是教他十年，他也是学不好棋的。"

**思考**

1. 为什么相同的老师教出来的学生会有所不同？
2. 影响庄稼收成的因素中，哪些因素是内因，哪些是外因？

种庄稼

2. 内因外因关系原理给我们的启示

**（1）在自己身上想办法解决问题**

你是否曾经碰到困难便想换个环境，跟别人有了矛盾便想改变对方？

 **哲理故事**

不受欢迎的乌鸦

一只乌鸦在飞行途中碰到回家的鸽子。鸽子问："你要飞到哪？"乌鸦说："其实我不想走，但大家都嫌我的叫声不好听，所以我想离开。"鸽子告诉乌鸦："别白费力气了！如果你不改变声音，飞到哪儿都不会受欢迎的。"

其实，如果希望生活变得更加美好，往往要从改变自己，包括改变自己的心态开始。

 **诗性智慧**

改变自己才能改变未来。世上没有一份工作不辛苦，没有一处人事不复杂，于是有些人喜欢通过经常改变外在环境来减少伤害、改变心情。其实这往往会事与愿违，与其抱怨环境、花工夫改变环境，不如改变自己。因为没有改变自己，换个环境其实就是改变一个地方复制同样的困境而已。一个不会游泳的人，老换游泳池是解决不了问题的；一个不会做事的人，老换工作是提高不了自己能力的。有一句话说得好：要得到你想要的某样东西，最可靠的方法是让你自己配得上它。记住：相同的自己无法创造不同的未来！改变要从自身开始。如果无法改变自己，就像前面提到的乌鸦，它的声音是天生的呀！那就接纳自己，再改变自己的心态！改变心态之所以重要，是因为任何事情本身其实是不会伤害人的，伤害人的是你对事情的看法！乌鸦如果能认识到自己不受欢迎的原因是不可改变的，那就应该选择坦然接受，即自我接纳，再用其他的优点来让自己可爱起来，就可以弥补声音的不足了。

**思考**

1. 当你上课迟到受到老师批评的时候，你会努力为自己辩解吗？你认为这就是在帮助自己吗？
2. 碰到困难和挫折的时候，你是否想过这是生活在提醒你，你身上还有什么缺点必须改进？
3. 当你有负面情绪，比如气愤、忧伤时，你是否一味地责怪别人让你产生了这种情绪？
4. 考试成绩不理想的时候，你是否埋怨过客观条件。比如老师的教法，班级的学习环境，有用吗？
5. 如果你的父母可以找关系帮你进一个高薪的岗位，但你根本无法胜任，你会去吗？为什么？这个时候你是否觉得自己足够优秀是最重要的？

**（2）外因对于事物的发展也很重要**

注重内因的同时，不能忽视外因。要努力争取和创造有利于自己成长的外部条件来发展自己，获得人生的进步。

**延伸阅读**

骑自行车，使劲踩1小时只能跑10公里左右；开汽车，一脚轻踏油门1小时能跑100公里；坐高铁，闭上眼睛1小时也能跑300公里；乘飞机，吃着美食1小时能跑1000公里。同样的努力，不一样的平台和载体，结果就不一样了。

人生的成长路上有许多客观条件无法选择，如家庭背景、出生地、成长的时代等。但有些条件是可以自由选择的，如结交朋友、选读书籍等。

**诗性智慧**

如何为自己创造良好的外因？交错朋友，也许就是灾难的开始，你见证过这样的事情吗？《孔子家语》中说道："与善人居，如入芝兰之室，久而不闻其香，即与之化矣；与不善人居，如入鲍鱼之肆，久而不闻其臭，亦与之化矣。"意思是：和品德高尚的人交往，就好像进入了摆满芳香芝兰花的房间，时间久了就闻不到兰花的香味了，这是自己已经与花香同化了。和品行低劣的人交往，就像进入了卖臭咸鱼的店铺，久而久之就闻不到臭味了，这也是因为自己与臭味融为一体了。这段话告诫我们：近朱者赤近墨者黑，给自己创造良好的外因可以从择良师近益友开始，因为他们会对我们的成长产生极其重要的影响。另外，有益的书籍、电影对我们来说也是一种良好的外因，特别是好书，可以帮助我们增长见识、去除陋见、提升境界、修复灵性，可以使人谦虚、通达、不偏执、不俗气，所以良好的书籍是心灵成长的必要外因。

## 四、具体问题具体分析

### 1. 矛盾普遍存在即矛盾具有普遍性

首先，矛盾无处不在。即矛盾存在于一切事物的发展过程中。

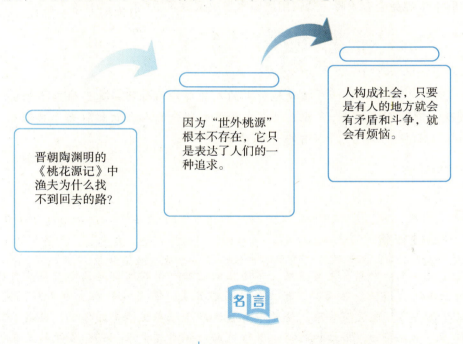

其次，矛盾无时不在。即矛盾贯穿于一切事物发展过程的始终。

人有悲欢离合，月有阴晴圆缺，此事古难全。
——苏轼

**思考**

1. 回忆一下你自己的童年，是不是真的是"无忧无虑"的童年？
2. 你认为"安享晚年"的老年人有烦恼吗？
3. "人无远虑，必有近忧"说明了什么？

2. 矛盾的普遍性原理给我们的启示

首先，要正视困难，而不是回避困难。

**思考**

1. 有些同学很期待顶岗实习的日子，认为那时就可以不用学习，不受校纪校规的约束，就可以"解放"了。这种乐观过于盲目了。你知道他们犯了什么错误吗？
2. 工作中的困难在所难免，你觉得用"跳槽"来回避面临的困难的做法可取吗？婚姻家庭中也难免会有矛盾，动辄用离婚来解决家庭矛盾行吗？为什么？

其次，烦恼人人都有，不要总以为自己很不幸。

> 假使把所有的人的灾难堆积在一起，然后重新分配，那么我相信大部分的人会欣然取走他自己原有的一份。
>
> ——苏格拉底

**诗性智慧**

> 几乎每个人心中都有完美情结，希望生活的每一个瞬间都能圆满，希望自己走过的历程都没有遗憾。然而，这世上并不存在完美，每个人的人生都不可能完满，哪里的生活都不可能没有缺陷。这是矛盾普遍性原理在生活中的体现。逃避困难肯定是徒劳、不现实的，俗话说得好：躲得过初一躲不过十五。我们要做的是正视困难。其实，有困难并不意味着不成功，相反，如果我们能把困难当成激励自己前进的原动力，在困难中鼓起生活的勇气，学会战胜困难，并以此磨炼自己百折不挠的意志，使自己变得越来越坚强，那就会更容易成功了。

### 3. 矛盾各有特点，即矛盾具有特殊性

矛盾是普遍存在而又各具特点的，具体表现在以下几个方面。

首先，不同事物的矛盾有不同特点，即事物不同，矛盾也就不同。所以要解决好矛盾，必须先具体研究其特殊性。

世界上没有两片完全相同的树叶。
——莱布尼茨

幸福的家庭是一样的，不幸的家庭各有各的不幸。
——列夫·托尔斯泰

**哲理故事**

#### 国王画像

古代有一个国王长得不好看，且身有两处残疾：独眼和跛脚。有一次，这个国王心血来潮，让宫廷画师给自己画像，要求是既要好看又要像他。第一位画师是个老实人，他规规矩矩地画出了国王的本来面目——又瞎又瘸。国王看后不禁怒从心头起："这个可恶的画师竟敢把我画得如此丑陋，真是该杀。"于是这个老实本分的画师被杀掉了。国王仍不甘心，便又找了第二个画师来给他画像，这个画师知道了前边那个同行的悲惨结局，再也不敢照实描绘国王的缺陷了。他在画布上画了一个双眼明亮两腿矫健的国王，心想这下国王该满意了吧，不曾想国王一见画像大发雷霆，骂道："你这该死的东西！这难道还是我吗？"结果，第二个画师也没有逃出被杀害的命运。这下国王的画师们谁都不敢再给国王画像了，没想到有个小画工自告奋勇地说他要给国王画像，这下可把画师们着实地吓了一跳。小画工画啊画啊，终于把国王的肖像画完成了。国王一见画像，紧绷绷的脸变得柔和起来，最后他笑了，直夸小画工聪明。原来，这个机灵的小画工既没有像第一个画师那样把国王的缺陷完全表现在画布上，也没有像第二个画师那样不顾实际妄加涂彩。机灵的小画工画的国王是这样的：侧身骑在马上，残疾的那条腿隐在马鞍的后面，双手举着猎枪，眯着一只眼在瞄准，而这只眼正是那只瞎眼。

其次，同一事物的矛盾在其发展的不同阶段各有不同的特点。比如人口问题在我国社会主义建设的不同阶段呈现出来的特点就各不相同，所以只有研究分析其在不同发展阶段上的特殊性，才能科学决策，合理解决不同阶段上的任务。

**哲理故事**

#### 量体裁衣

明朝嘉靖年间，北京城中有位裁缝名气很响，他裁制的衣服，长短肥瘦，无不合

体。一次，御史大夫请他去剪裁一件朝服。裁缝量好了他的身腰尺寸，又问："请教老爷，您当官当了多少年了？"御史大夫很奇怪："你量体裁衣就够了，还要问这些干什么？"裁缝回答说："年轻相公初任高职，意高气盛，走路时挺胸凸肚，裁衣要后短前长；做官有了一定年资，意气微平，衣服应前后一般长短；当官年久而将迁退，则内心悒郁不振，走路时低头弯腰，做的衣服就应前短后长。所以，我如果不问明做官的年资，怎么能裁出称心合体的衣服来呢？"

御史大夫认为这个裁缝高明之处，就在于他不仅是按照成衣法量尺寸，定式样，而且善于把握对象在各个阶段的特点，从中悟出"短长之理"来。

### 4. 具体问题具体分析是马克思主义的灵魂

我们懂得了矛盾特殊性的原理，想问题、办事情就必须坚持具体问题具体分析。所谓具体问题具体分析，就是要在矛盾普遍性原理的指导下，具体地分析矛盾的特殊性。对具体问题进行具体分析，是正确认识矛盾和解决矛盾的科学方法，是马克思主义的本质和活的灵魂。"因材施教""对症下药""因地制宜""量体裁衣""一把钥匙开一把锁"都形象地说明了不同的矛盾只能用不同的方法去解决的道理。

坚持对具体问题进行具体分析，要反对"一刀切"。有的人总以为"一刀切"既简单又方便，可以一下子解决许多问题。实际上，这种工作方法往往带来更多的矛盾和问题。

## 五、坚持两点论和重点论的统一

### 1. 办事情要善于抓重点

客观存在的事物往往是很复杂的，不只包含一种矛盾，而是一个由多种矛盾构成的矛盾体系或系统。复杂事物发展过程中所包含的许多矛盾，其地位和作用是不平衡的，其中必有一种矛盾，由于它的存在和发展，规定或影响着其他矛盾的存在和发展。这种在事物发展过程中处于支配地位、对事物发展起决定作用的矛盾，叫作主要矛盾；其他处于从属地位、对事物发展不起决定作用的矛盾，叫作次要矛盾。主要矛盾和次要矛盾是相互影响、相互作用，并在一定的条件下相互转化。

既然主要矛盾在事物的发展过程中处于支配地位，起着决定的作用，这就要求我们在观察和处理复杂问题的时候，首先要抓住主要矛盾，善于抓住重点，并集中主要精力解决主要矛盾。

一个人如果学不会善良这门学问，那么其他任何学问对他都是有害的。

——蒙田

### 哲理故事

#### 赌饼破家

从前有一对夫妇，家里有3个饼。夫妇俩一起分着吃，你吃一个，我吃一个，最后只剩下了一个。他们说："如果谁说了话，就不能吃这个饼了。"为了得到这个饼，俩人谁也不肯开口说话。过了一会儿，有个盗贼溜进屋里，夫妇俩因为有约在先，眼睁睁看着财物被盗贼全部偷光，谁也不愿意开口说话。盗贼胆子大了起来，当着丈夫的面侮辱他的妻子，妻子急了，高声叫喊有贼，并恼怒地对丈夫说："你怎么这样傻啊，为了一个饼，眼看着盗贼侮辱我。"丈夫高兴地跳了起来，拍着手笑道："哈哈，蠢货，是你最先开口讲话的，这个饼属于我了。"

### 思考
上面故事的主人公犯了什么错误？

### 诗性智慧

> 鱼和熊掌不可兼得，人生中总是面临多种诱惑和选择，我们要懂得取舍。有些人会追求面面俱到，愿望很多，什么都不能输，可最后却是什么都干不成。一心只想十全十美，最终往往是两手空空。美国一位著名的心理学家认为："现代人之所以活得很累，心灵很容易产生挫折感和种种焦虑，甚至不快，是因为迷失和被淹没在各种目标中。"毕竟一个人的精力是有限的，把精力分散在好几件事情上是不明智的选择，会被太多不必要的包袱压得无处遁形，再说不是所有的事情都值得我们去做。所以应当分清主次，有所不为而后有所为，适当地取舍。地位、职权的虚名，无疑是不值得执着追求的，应当不为。而对那些极有兴趣探索和愿意去做的有价值的事情，则是值得坚持下去的，应当为之。

### 2. 看问题要分清主流和支流

不仅事物所包含的矛盾有主次之分，而且同一个矛盾的两个方面也有主次之别。矛盾的主要方面，是指在矛盾的两个方面中，处于支配地位、起主导作用的方面。相反，处于被支配地位的方面则是矛盾的次要方面。我们在分析事物的矛盾时，不仅要看到矛盾的两个方面，更重要的是要分清哪一个方面是主要方面，是主流，哪一个方面是次要方面，是支流。比如我们前面说过，任何事物都有两面性，那是因为矛盾双方统一在它身上，如"勇猛"这优点必然带来"冲动"的缺点，问题是优缺点并不是均衡的，其中必有比较明显的一面，那就是主流，即矛盾的主要方面。认清主流和支流，才能认清事物的性质，才能正确判断形势。

 **延伸阅读**

### 智慧弥补不了道德的空白

有一个小伙子刚毕业就去了法国，开始了半工半读的留学生活。渐渐地，他发现当地的公共交通系统的售票处是自助的，也就是想到去哪个地方，根据目的地自行买票，车站几乎都是开放式的，不设检票口，也没有检票员，甚至连随机性的抽查都非常少。他发现了这个管理上的漏洞，或者说以他的思维方式看来是漏洞。凭着自己的聪明劲，他精确地估算了这样一个概率：逃票而被查到的比例大约仅为万分之三。他为自己的这个发现而沾沾自喜，从此之后，他便经常逃票上车。他还找到了一个宽慰自己的理由：自己还是穷学生嘛，能省一点是一点。4年过去了，名牌大学的金字招牌和优秀的学业成绩让他充满自信，他开始频频地进入巴黎一些跨国公司的大门，踌躇满志地推销自己，因为他知道这些公司都在积极地开发亚太市场。但这些公司都是先热情有加，然而数日之后，却又都是婉言相拒。一次次的失败使他愤怒。他认为一定是这些公司有种族歧视的倾向，排斥中国人。最后一次，他冲进了某公司人力资源部经理的办公室，要求经理对于不予录用他给出一个合理的理由。然而，结局却是他始料不及的。下面的一段对话很令人玩味。

"先生，我们并不是歧视你，相反，我们很重视你。因为我们公司一直在开发中国市场，我们需要一些优秀的本土人才来协助我们完成这个工作，所以你一来求职的时候，我们对你的教育背景和学术水平很感兴趣，老实说，从工作能力上，你就是我们所要找的人。""那为什么不收天下英才为贵公司所用？""因为我们查了你的信用记录，发现你有三次乘公车逃票被处罚的记录。""我不否认这个。但为了这点小事，你们就放弃了一个多次在学报上发表过论文的人才？""小事？我们并不认为这是小事。我们注意到，第一次逃票是在你来我们国家后的第一个星期，检查人员相信了你的解释，因为你说自己还不熟悉自助售票系统，只是给你补了票。但在这之后，你又两次逃票。""那时刚好我口袋中没有零钱。""不、不，先生。我不同意你这种解释，你在怀疑我的智商。我相信在被查获前，你可能有数百次逃票的经历。""那也罪不至死吧？干吗那么认真？以后改还不行吗？""不、不，先生。此事证明了两点：一、你不尊重规则。不仅如此，你擅于发现规则中的漏洞并恶意使用。二、你不值得信任。而我们公司的许多工作的进行是必须依靠信任进行的，因为如果你负责了某个地区的市场开发，公司将赋予你许多职权。为了节约成本，我们没有办法设置复杂的监督机构，正如我们的公共交通系统一样。所以我们没有办法雇用你，可以确切地说，在这个国家甚至整个欧盟，你可能找不到雇用你的公司。"

直到此时，他才如梦方醒、懊悔当初。

  **诗性智慧**

> 每个人都是优缺点的统一体，但其中优点和缺点并不是对等的，比如说，聪明人也会比较狡猾，但聪明和狡猾的比例在每个人身上是不一样的，当聪明成为主流时，我们认为这个人是可取的，当狡猾成为主流时，我们就很难认可他。

3. 坚持两点论和重点论的统一

我们懂得了主要矛盾和次要矛盾、矛盾的主要方面和次要方面相互关系的原理，就要坚持两点论和重点论的统一。我们所说的两点论，就是在认识复杂事物时，既要看到主要矛盾，又要看到次要矛盾；在认识某一矛盾时，既要看到矛盾的主要方面，又要看到矛盾的次要方面。我们所说的重点论，就是在认识复杂事物时，要着重把握它的主要矛盾，在认识某一种矛盾时，要着重把握矛盾的主要方面。两点论和重点论是紧密相连的，两点是有重点的两点，重点是两点中的重点。离开两点谈重点，或离开重点谈两点，都是错误的。我们应该把两点论和重点论统一起来，看问题、办事情，既要全面，又要善于抓住重点和主流。

  **归纳总结**

1. "家家都有本难念的经""种瓜得瓜种豆得豆""孟母三迁""对症下药"分别说明了哪些哲学道理？"眉毛胡子一把抓"违背了什么哲学道理？
2. 分析下面句子，那个是主要矛盾，哪个是次要矛盾？

山不在高，有仙则名；水不在深，有龙则灵。——刘禹锡

天时不如地利，地利不如人和。——孟子

挽弓当挽强，用箭当用长。擒贼先擒王，射人先射马。——杜甫

  **思考与训练**

读以下关于苏格拉底的故事《环境》，分析内外因在事物发展中的地位和作用。

环　境

苏格拉底是单身汉的时候，原来和几个朋友一起，住在一间只有七八平方米的房间里，他一天到晚总是乐呵呵的。有人问他："那么多人挤在一起，连转个身都困难，有什么可乐的？"苏格拉底说："朋友们在一块儿，随时都可以交换思想，交流感情，这

难道不是很值得高兴的事儿吗?"过了一段日子,朋友们一个个成了家,先后搬了出去。房子里只剩下了苏格拉底一个人,每天,他仍然很快活。那人又问:"你一个人孤孤单单,有什么好高兴的?"苏格拉底说:"我有很多书哇,一本书就是一个老师。和这么多老师在一起,时时刻刻都可以向他们请教,这怎不令人高兴呢!"几年后,苏格拉底也成了家,搬进了一座大楼里。这座大楼有七层,他的家在最底层。底层在这座楼里是最差的,不安静,不安全,也不卫生,上面老是往下面泼污水、丢死老鼠、破鞋子、臭袜子和杂七乱八的脏东西,那人见他还是一副喜气洋洋的样子,好奇地问:"你住这样的房间,也感到高兴吗?""是呀!"苏格拉底说,"你不知道住一楼有多少妙处呵!比如,进门就是家,不用爬很高的楼梯;搬东西方便,不必花很大的劲儿;朋友来访容易,用不着一层楼一层楼地去扣问……特别让我满意的是,可以在空地上养一丛一丛花,种一畦一畦菜,这些乐趣呀,没法儿说!过了一年,苏格拉底把一层的房间让给了一位朋友,这位朋友家有一个偏瘫的老人,上下楼很不方便。他搬到了楼房的最高层——第七层,每天,他仍是快快活活。那人揶揄地问:"先生,住七层楼也有许多好处吧!"苏格拉底说:"是啊,好处多着哩!仅举几例吧:每天上下几次,这是很好的锻炼机会,有利于身体健康;光线好,看书写文章不伤眼睛;没有人在头顶干扰,白天黑夜都非常安静。"后来,那人遇到苏格拉底的学生柏拉图,他问:"你的老师总是那么快快乐乐,可我却感到,他每次所处的环境并不那么好呀?"

　　柏拉图说:"决定一个人心情的,不是在于环境,而在于心境。"

# 第二单元习题

## 一、判断题

1. 联系是指事物之间以及事物内部各要素之间的相互作用、相互影响、相互制约的关系。（　　）
2. 六度分离理论说明了事物联系的客观性。（　　）
3. 故事《老鼠夹效应》说明了事物是普遍联系的。（　　）
4. 黑格尔说："离开身体的手，实已不是手。"这说明部分是离不开整体的。（　　）
5. 集体的荣誉与个人的利益是不相干的。（　　）
6. 《螳螂捕蝉，黄雀在后》的故事说明了要用联系的眼光看问题。（　　）
7. "善于处理生活中遇到的各方面的问题，认真对待每一件事情"是懂得用联系的观点看问题的表现，也是高情商的表现。（　　）
8. 世界太小，是因为世界是普遍联系的。（　　）
9. 发展是事物自身性质的突破和飞跃，是新事物代替旧事物的前进、上升的运动。（　　）
10. 佛教和法轮功相比较，法轮功是新事物，佛教是旧事物。（　　）
11. 在新旧事物的斗争中，新事物因为其正义性而必然轻松取胜。（　　）
12. 新事物必然战胜旧事物。（　　）
13. 顺境时，不要炫耀，不要骄傲，不要浮躁，不要得意忘形，要有平常心，因为这一切是发展变化的。（　　）
14. 事物发展是一种波浪式前进或螺旋式上升。（　　）
15. 事物的发展是前进性和曲折性的统一。（　　）
16. 矛盾就是对立统一。（　　）
17. 没有参照物，任何事物都无法判断其优劣。（　　）
18. 一个人的优点从另一个角度看也是他的缺点。（　　）
19. 在事物的发展过程中，内因和外因同等重要。（　　）
20. "世界上没有两片完全相同的树叶"说明了矛盾具有特殊性。（　　）
21. "一把钥匙开一把锁"说明要具体问题具体分析。（　　）
22. 桃花源记说明了这世上是存在没有矛盾的地方的。（　　）
23. "舍本求末"是指那些不会区分主要矛盾和次要矛盾的情况。（　　）
24. 《赌饼破家》的故事说明了要区分矛盾的主要方面和次要方面。（　　）
25. 近良师择益友，就是在为我们自己创造良好的外因。（　　）

## 二、选择题

1. "城门失火殃及池鱼"说明了（　　）。
   A. 联系是客观的　　　　　　　　　B. 联系是有条件的

C. 联系是普遍的　　　　　　　　　　D. 联系是多样的
2. 《燕丹赠手》的故事中燕丹否定了（　　）。
   A. 联系是客观的　　　　　　　　　　B. 联系是有条件的
   C. 联系是普遍的　　　　　　　　　　D. 联系是多样的
3. 达尔文发现的食物链说明了（　　）。
   A. 联系是客观的　　　　　　　　　　B. 联系是有条件的
   C. 联系是普遍的　　　　　　　　　　D. 联系是多样的
4. "天时不如地利，地利不如人和"说明了联系有（　　）。
   A. 内部联系和外部联系　　　　　　　B. 本质联系和非本质联系
   C. 直接联系和间接联系　　　　　　　D. 主要联系和次要联系
5. "橘生淮南则为橘，生于淮北则为枳"说明了（　　）。
   A. 联系是客观的　　　　　　　　　　B. 联系是有条件的
   C. 联系是普遍的　　　　　　　　　　D. 联系是多样的
6. "大河无水小何干"说明了（　　）。
   A. 要有全局观念　　　　　　　　　　B. 要重视局部利益
   C. 要有发展的眼光　　　　　　　　　D. 联系是多样的
7. "国兴则家昌，国破则家亡"说明了（　　）。
   A. 要用联系的观点看问题　　　　　　B. 要重视局部利益
   C. 要有发展的眼光　　　　　　　　　D. 矛盾是普遍存在的
8. 拳头伤人要比手指伤人或者巴掌伤人疼得多，这说明了（　　）。
   A. 要重视集体的作用　　　　　　　　B. 要重视局部利益
   C. 要有发展的眼光　　　　　　　　　D. 要善于抓住主要矛盾
9. 细节决定成败，说明了（　　）。
   A. 要重视全局利益　　　　　　　　　B. 要重视局部利益
   C. 要有发展的眼光　　　　　　　　　D. 要善于抓重点
10. 故事《大将和车夫》说明了（　　）。
    A. 要重视全局利益　　　　　　　　　B. 要重视局部利益
    C. 要有发展的眼光　　　　　　　　　D. 矛盾是客观存在的
11. 故事《这也会过去》告诫我们该如何对待（　　）。
    A. 顺境　　　　B. 逆境　　　　C. 顺境和逆境　　　　D. 环境
12. "囚犯不都是坏人"说明我们要（　　）。
    A. 把事物如实地看成是一个变化发展的过程
    B. 弄清事物在其发展过程中所处的阶段
    C. 要善于抓主要矛盾，善于抓中心和根本
    D. 要善于抓重点和主流
13. 矛盾的基本属性是指（　　）。
    A. 矛盾双方的同一性和斗争性　　　　B. 矛盾双方的相互依存和相互转化
    C. 矛盾双方的相互比较和不可分割　　D. 矛盾的普遍性和特殊性

14. 《塞翁失马》的故事说明了（　　）。
    A. 矛盾双方的相互依存　　　　　　　B. 矛盾双方的相互转化
    C. 矛盾双方的斗争性　　　　　　　　D. 矛盾的特殊性
15. 下列成语不能说明矛盾双方的相互转化的是（　　）。
    A. 柳暗花明　　　　　　　　　　　　B. 峰回路转
    C. 乐极生悲　　　　　　　　　　　　D. 兼听则明偏信则暗
16. 苏格拉底说"漂亮、聪明、富裕不是纯粹的好事"，这启示我们（　　）。
    A. 要坚持用一分为二的观点分析解决问题
    B. 要用不同的方法解决不同的矛盾
    C. 要重视量的积累
    D. 要解决矛盾就要认识矛盾的特点
17. 仲由问孔子："听了就去干吗？"孔子答："不能。"冉求也问孔子："听了就去干吗？"孔子答："能。"孔子说："仲由好勇过人，我要约束他；冉求很畏缩，我要鼓励他。"这个故事说明（　　）。
    A. 抓主要矛盾、抓重点、抓关键
    B. 主要矛盾和次要矛盾相互依存
    C. 具体问题具体分析是解决问题的关键
    D. 内因是事物发展变化的根本原因
18. "家家都有本难念的经"说明了（　　）。
    A. 矛盾的个性和共性是相互包含的　　B. 矛盾的普遍性和特殊性不可分割
    C. 矛盾是普遍存在的　　　　　　　　D. 矛盾的存在是客观的
19. "种瓜得瓜种豆得豆"说明了（　　）。
    A. 具体问题要具体分析　　　　　　　B. 要解决矛盾就要认识矛盾的特点
    C. 内因是事物变化发展的根本原因　　D. 外因不是可有可无的
20. "人无远虑，必有近忧"说明了（　　）。
    A. 矛盾双方的相互依存　　　　　　　B. 矛盾具有普遍性，即矛盾无时不在
    C. 矛盾双方的斗争性　　　　　　　　D. 矛盾双方的相互转化
21. 《孟母三迁》的故事说明了（　　）。
    A. 要用不同的方法解决不同的矛盾　　B. 要重视内因的作用
    C. 要重视外因的作用　　　　　　　　D. 要具体问题具体分析
22. "人有悲欢离合，月有阴晴圆缺，此事古难全"说明了（　　）。
    A. 矛盾双方的相互依存　　　　　　　B. 矛盾具有普遍性
    C. 矛盾双方的斗争性　　　　　　　　D. 矛盾双方的相互转化
23. "眉毛胡子一把抓"违背的哲学思想是（　　）。
    A. 抓主要矛盾、抓重点、抓关键　　　B. 具体问题具体分析
    C. 区分矛盾的主要方面和次要方面　　D. 区分内因和外因的作用
24. "擒贼先擒王，射人先射马"启示我们要（　　）。
    A. 区分矛盾的主要方面和次要方面　　B. 区分主要矛盾和次要矛盾

C. 区分内因和外因的作用　　　　　　D. 区分矛盾的普遍性和特殊性
25. "近朱者赤近墨者黑"说明了（　　）。
　　A. 内因在事物发展过程中的重要性　　B. 外因在事物发展过程中的重要性
　　C. 矛盾双方会相互转化　　　　　　　D. 矛盾双方的斗争性

# 第三单元　坚持实践与认识的统一

　　本单元主要内容是实践与认识相统一、透过现象看本质等辩证唯物主义认识论的基本观点和科学思维方法的作用,及其对提高人生发展能力的重要意义。指导我们勇于实践、明辨是非,增强创新意识,在知行统一的过程中提高人生发展的能力。

# 第七课　知行统一和体验成功

## 一、坚持实践和认识的统一

### 1. 什么是实践

实践就是人们改造和探索客观世界的一切活动。实践活动是多种多样的，它主要是指人们改造客观世界的活动，如农民种田、工人做工、渔民捕鱼、士兵打仗、医生治病、法官判案、营业员销售商品、演员表演、运动员参加比赛等，同时也包括为改造客观世界做准备的探索性活动，如天文观测、地质勘查、社会调查、军事侦察、科学实验等。

生活中处处有实践，比如你看到一种从没吃过的水果，想知道它好不好吃，不管别人怎么说好吃，你也不能确定，唯一的办法就是尝一尝，用实践去探索，才知道水果好不好吃。"尝一尝"就是实践。请同学们想想我们日常生活中还有哪些实践的例子？

### 2. 实践是认识的基础

**（1）实践是认识的来源**

只有在实践中人们才能认识事物的本质和规律。如果没有实践，人们的认识只是无源之水，无本之木。

近水知鱼性，近山识鸟音。
　　　　　　　　——《增广贤文》
当时若不登高望，谁信东流海洋深。
　　　　　　　　——《增广贤文》
不登高山，不知天之高也；不临深溪，不知地之厚也。
　　　　　　　　——荀子

**哲理故事**

---

### 莫泊桑"买踢"

莫泊桑是法国19世纪后半期著名的批判现实主义作家。

莫泊桑在一部小说中需要细腻地描写被踢的感觉，但他本人没有这种经验，觉得实在难以下笔。于是他信步走到大街上迎面正好遇到一个乞丐。莫泊桑迎上前去，言辞恳切地说："请踢我几脚吧！"那乞丐被说得莫名其妙，愣住了，以为他神经不正常。莫泊桑继续赔笑，又从口袋里掏出钱说："你踢，我给你钱。"那乞丐见钱一把抓了过去，伸脚猛踢莫泊桑的屁股。

莫泊桑忍痛揉着屁股，忙跑回屋子，飞快地记下了这一被踢的真实感受。

**思考**

莫泊桑为什么要花钱"买踢"？莫泊桑的"买踢"故事告诉了我们什么哲学原理？

**(2) 实践是认识的动力**

变化着的实践不断给人们提出新的认识课题，推动人们去进行新的探索和研究。例如，人类和疾病做斗争的实践，不断给医学提出新的认识课题，从而推动医学不断发展。

社会一旦有技术上的需要，则这种需要就会比十所大学更能把科学推向前进。

——恩格斯

**(3) 实践是认识的目的和归宿**

人们认识世界的目的在于指导实践，有效地改造世界。实践是认识的最终归宿。

理论源自改革开放实践，最终又要以指导改革开放实践为归宿。

——邓小平

 **哲理故事**

### 纸上谈兵

战国时期，赵国大将赵奢曾以少胜多大败入侵的秦军，被赵惠文王提拔为上卿。他有一个儿子叫赵括，赵括从小熟读兵书，张口爱谈军事，别人往往说不过他。他因此很骄傲，自以为天下无敌。然而赵奢却很替他担忧，认为他不过是纸上谈兵，并且说："将来赵国不用他为将罢，如果用他为将，他一定会使赵军遭受失败。"果然，公元前259年，秦军又来侵犯，赵军在长平（今山西高平县附近）坚持抗敌。那时赵奢已经去世。廉颇负责指挥全军，他年纪虽高，打仗仍然很有办法，使得秦军无法取胜。秦国知道拖下去于己不利，就施行了反间计，派人到赵国散布"秦军最害怕赵奢的儿子赵括将军"的谣言。赵王上当受骗，派赵括替代了廉颇。赵括自认为很会打仗，死搬兵书上的条文，到长平后完全改变了廉颇的作战方案，结果40多万赵军尽被歼灭，他自己也被秦军射箭身亡。

如果认识不能用来指导实践，那么学习的意义就不大了。也就是说，实践是认识的目的和归宿。

## 诗性智慧

我们为什么要学习？学习是为了生活得更好！也就是说，实践是学习的目的。我们从小到大，都是在不断地学习，在学习中提升和改变自己，你肯定也已经感受到学习改变生活、改变精神面貌的那种力量。有时候，我们总在赞叹别人的成功、别人的风光、别人的富有，自己却无从下手，不知道怎样才能像别人那样成功。其实，"临渊羡鱼，不如退而结网"，一百次心动不如一次行动，为什么不从努力学习开始，来创造美好的人生呢？另外，在所有的物种中，只有人类除了物质需求之外还需要精神滋养，而长大成人之后，这种滋养只能来源于学习。也许学习对于一些人来讲是一件痛苦的事，但是如果不学习，人就无法改变自己，同样的困难就会出现，同样的烦恼就会产生，同样的苦就要你承受。所以，无知的人才会轻视学习。让我们从现在开始，做一个懂得学习善于学习的人，把学习当作生活的重要部分，在课堂上学习，在生活中学习，在工作中学习，在别人身上学习，不断修正自己，那么幸福必定会离我们越来越近的。

（4）实践是检验认识真理性的唯一标准

真理是同客观实际相符合的主观认识。检验真理就是要判明主观认识是否同客观实际相一致。实践是主观见之于客观的物质性活动，是唯一能把主观和客观联系起来的"桥梁"，因而实践是检验认识真理性的唯一标准。

## 哲理故事

### 按图索骥

孙阳，春秋时秦国人，相传是我国古代最著名的相马专家，他一眼就能看出一匹马的好坏。因为传说伯乐是负责管理天上马匹的神，因此人们都把孙阳叫作伯乐。

伯乐有个儿子，资质很差，他看了父亲的《相马经》后，很想出去找千里马。他看到《相马经》上说："千里马的主要特征是高脑门，大眼睛，蹄子像摞起来的酒曲块。"他便拿着书往外走去，想试试自己的眼力。走了不远，他看到一只大癞蛤蟆，忙捉回去告诉他父亲说："我找到了匹好马，和你那本《相马经》上说的差不多，只是蹄子不像摞起来的酒曲块！"伯乐看了看儿子手里的大癞蛤蟆，不由感到又好笑又好气，幽默地说："这'马'爱跳，没办法骑呀！"

《按图索骥》这个故事告诉我们：实践是检验认识真理的唯一标准！我们应该努力学习，虚心继承，一定要注重实践，在实践中切实验证、牢固掌握，并加以发展，这才是正确的态度。

**诗性智慧**

不要迷信书本。常言道："看书，不可不信，不可全信。"看书是为了利用书，而不是被书所用。有些同学认为书本就一定是对的，看书就努力把书背下来，全盘接受，毫不质疑。其实这肯定是不对的。书本是人编写的，话是人说的，人都有自己对事物的见解，其见解都有时代背景，不一定适合我们这个时代。所以看书最主要的就是能够独立思考，结合自己的实践来领悟。可生活中总有这么一些人，他们不喜欢思考，也没有独立思考的意识，因为懒惰，只得去迷信权威。这样的人也注定不能成为真正有思想的人。因此，一定要勤于思考，敢于质疑。

3. 既要积极参加社会实践，又要认真学习书本知识

实践出真知，只有积极参加社会实践才能获得真正的知识。但是对每一个人来说，由于时间和精力有限，不可能也没有必要事事都去亲身实践。接受间接经验和学习书本知识也是获得知识的重要途径。总之，积极参加社会实践和认真学习书本知识同等重要，如果只读书而不实践，就会成为死读书、读死书的书呆子；如果只实践而不读书，就只有一些狭隘的经验，其实践也只能处在很低的水平。

纸上得来终觉浅，绝知此事要躬行。
　　　　　　　　　　　——陆游
没有革命的理论，就没有革命的行动。
　　　　　　　　　　　——列宁

 **哲理故事**

### 两脚书橱

传说英国有一个叫亚克敦的人，可以说是读书最多的人。据说，光他的藏书就达7万多册，他一册不拉、一字不差地读了个遍，有许多名言段落背得滚瓜烂熟。另外，他还到图书馆去读，做了大量的读书笔记。总之，他博览群书，见书就背。然而他一辈子却没有写过一篇文章，更没有做过一次研究，甚至连自己的一个见解都没有说过。因此，他被人们嘲讽为"两脚书橱"。

## 二、认识的辩证过程

人们对客观事物的认识是一个辩证发展的过程，是在实践基础上由感性认识到理性

认识，又由理性认识到实践不断反复、无限发展的过程。

1. 从感性认识到理性认识

认识过程的第一次飞跃是从实践到认识的过程，也就是在实践的基础上从感性认识上升到理性认识的过程。

感性认识就是人们通过感官对事物的各个片面、现象和外部联系的反映。感性认识是认识的初级阶段，其特点是直接性和形象性，它包括感觉、知觉、表象三种形式。

比如，我们看到太阳早上从东边升起、傍晚从西边下山，我们知道姚明长得很高大，我们知道洗洁精能去油污，等等，都是属于感性认识，它是对事物的直接反映，因而是可靠的。但它反映的仅仅限于事物的外部形象和表面特征，因而又是具有局限性的。

理性认识就是人们通过判断推理对事物的全体、本质和内部联系的反映。理性认识是认识的高级阶段，其特点是间接性和抽象性，它包括概念、判断、推理三种形式。

比如，明白了地球的自转和公转是日出日落原因，姚明的素质跟他取得的成绩的联系，洗洁精是怎么去油污的，等等，就是属于理性认识了，它是通过对感性认识进行加工而形成的，因而具有间接性。它超出了对事物感性形象的反映，深入到了事物的本质，因而具有抽象性。这两个特点决定了它比感性认识更高级，但同时也使它容易脱离现实。

 **思考**

你认为理性认识重要还是感性认识重要？

理性认识依赖于感性认识，感性认识有待于发展到理性认识，这就是辩证唯物论的认识论。

——毛泽东

 **诗性智慧**

如何欣赏文学艺术作品？很多同学不喜欢看理论的书，却很喜欢看电影、电视剧、小说等，有些同学在说出自己这些兴趣的时候，有点不好意思，觉得自己似乎不务正业。其实不然，所有的文学、艺术作品都有其价值所在，所谓开卷有益，就因为任何书籍和作品都可以帮助我们提升境界。当然，能读经典的书、一流的书是最好的，因为能给人更多启发、更深刻的道理，同学们更容易找到成长的感觉。但阅读通俗书籍一样对我们能有所帮助，问题是，阅读之后我们能不能有所思考？有些人读完小说之后只记得里面谁和谁是夫妻、妻子漂不漂亮、老公帅不帅、生了几个孩子等等情节性的东西，而这些到底跟你有什么关系呢？如果你能进一步去理解故事的主题思想，比如它颂扬人性中的哪种善或者抨击了哪种恶，而这种善恶跟主人公的命运又有什么联系，整个故事揭示了什么人生或者社会的道理，那就是理性认识了，那才是对我们有用的东西，可以滋养我们的心灵，可以引领我们成长。所以通过阅读，我们仅获得感性认识，阅读之后的思考，才是理性认识。我们可以看到有些人在大量的、单纯的阅读之后，虽表面博学多识，却更加愚蠢麻木，就在于没有思考，没有获得能带给我们内在力量的理性认识。

2. 从理性认识到实践

从理性认识到实践是认识过程的第二次飞跃，这是一次意义更为重大的飞跃。认识过程的第二次飞跃的必要性和重要性在于以下两点：

第一，认识世界的目的是为了改造世界，改造世界的实践又需要理论的指导。理性认识只有回到实践中去，才能实现其指导实践、改造世界的目的。

第二，理性认识只有回到实践中去，才能得到检验、丰富和发展。理性认识是否正确，只有回到实践中去才能得到检验。只有在实践中，才能使正确的理性认识得到证实，错误的理性认识得到纠正，不完善的理性认识得到丰富，并且随着实践的发展而发展。

 **诗性智慧**

生活是复杂的，人生的每一步都可能成为错误，有些人会因为害怕犯错而不敢积极参与实践。其实，有些实践经历可能会给你带来痛苦、失落和遗憾，但你的毅力会因痛苦的磨砺而坚强，思想会因碰撞的触动而深邃，心灵会因生活的砥砺而净化。经历是人生最好的老师，我们的世界很精彩，诸事万物，你只要经历了，必有感悟和收获，即便是失败的经历，也有启迪、警示的作用，因为我们原本的认识，在经历中得到了检验。另外，孔子说的"学而时习之"的"习"，就是实践的意思。学习，就是边学边习、边学边实践的意思。学习道理只是一个开始，人生的价值，取决于你有价值的生命实践。不管我们学习的道理多有价值，如果没有用于实践，也跟我们的人生没有关系。人生的乐趣，就在于生活中践行那些能带来无限动感，让你的人生时时散发出光和热的简单道理。

3. 认识具有反复性和无限性

认识过程具有反复性。人们对事物的认识总是受着各种客观条件和主观条件的限制。从客观条件看，事物是复杂的，事物本质的暴露有一个过程，并且人的认识受到社会历史条件和科学技术条件的限制。从主观条件看，人的认识受到自己的知识水平、认识能力及其立场、观点和方法的限制。因此，认识不是一次性完成的，在认识过程中总难免发生错误。一个正确的认识往往需要经过由实践到认识、再由认识到实践的多次反复才能完成。科学家在科学上的发明创造都不是一次性成功的。例如，爱迪生发明电灯做了1500多次实验都没有找到适合做电灯灯丝的材料,有人嘲笑他说:"爱迪生先生,你已经失败了1500多次了。"爱迪生回答说:"不,我没有失败,我的成就是发现1500多种材料不适合做电灯的灯丝。"科学家为研制一种治疗昏睡病的药,失败了605次,第606次才取得成功,于是把这种药命名为"六〇六"。

认识过程具有无限性。对于一个具体事物的认识,经过多次反复,达到了对它的正确认识,并在实践中得到了证实,对这一客观事物的认识就算是完成了。然而,世界上的事物是无限的,它们的发展也是无限的,因而对客观世界的认识永远不会终结,人类的认识是一个永无止境的无限发展过程。

认识过程的两次飞跃和认识的反复性、无限性综合起来,就是认识辩证过程的全部内容:实践、认识、再实践、再认识,这种形式,循环往复以至无穷,使认识由低级向高级发展,这就是认识发展的总规律。

我只知道一个事实,那就是我什么都不知道。
——苏格拉底

### 诗性智慧

活到老学到老!著名心理大师荣格说过:一个人步入中年,就等于是走到了"人生的下午",这个时候就应该回头检查早上出发所带的东西,究竟还合不合用?因为我们不能照着上午的计划来过下午的人生,早晨美好的事物,到了傍晚可能就显得微不足道;早晨的真理,到了傍晚可能就已经变成谬误。这其实已道出我们今天所学的"认识具有反复性和无限性"原理。在生活中每一个人其实都在不断地进步,现在的我们就比刚出生时进步了好多,进步就是因为我们的认识在不断地发展,失败也只是因为我们自己的认识还有不足,还没有能力去成就。所以"活到老学到老"是每个人的一种生活需要。长安集团的总裁曾经在接受中央电视台《东方之子》栏目的采访时说了一句话:往往一个企业的失败,是因为其曾经的成功,过去成功的理由是今天失败的原因。所以,即使取得成功,成功之后也有必要把自己的心态归零,才能从容应对未来的各种变故,因为认识具有无限的空间。

### 归纳总结

分析下列句子。
1. 会看的看门道,不会看的看热闹。
2. 学而不思则罔,思而不学则殆。——孔子
3. 对真理的追求比对真理的占有更为可贵。——莱辛

**思考与训练**

据明朝冯梦龙的《警世通言》讲，宋朝宰相王安石作咏菊诗，写下了开头两句："西风昨夜过园林，吹落黄花遍地金。"苏东坡看后，不以为然，认为菊花敢傲霜雪，哪有落瓣之说呢？于是他依原韵续上后两句："秋花不比春花落，说与诗人仔细吟。"王安石看后一笑置之。后来，苏东坡被调到黄州当了团练副使，重阳节后赏花，他大吃一惊：菊花棚下，果然是满地铺金，枝上全无一朵！他这才知道，同是菊花，也有落瓣与不落瓣之分。

1. 这段文学创作的"佳话"中蕴涵着哪些哲理？
2. 在实际生活中，我们应当怎样避免犯类似苏东坡这样的错误？

# 第八课　现象本质与明辨是非

认识的根本任务是经过感性认识上升到理性认识，透过现象，抓住事物的本质和规律。现象表现本质具有多样性和复杂性。这就需要我们掌握透过现象把握本质的方法，学会把现象作为认识入门的向导，识别假象，明辨是非，在揭示事物本质的过程中不断提高认识事物的能力。

## 一、现象和本质的含义及其辩证关系

### 1. 现象和本质的含义

任何事物都具有本质和现象两个方面。本质是指事物的根本性质和组成事物的各个基本要素的内在联系。现象是指事物的表面特征以及这些特征的外部联系。现象是人能够看到、听到、闻到、触摸到的，通常人们通过感性认识获得的是事物的现象，通过理性认识掌握的是事物的本质。

很多人看见过苹果落地，为什么牛顿能够从中受到启发，发现万有引力定律？有些人认识事物仅仅停留在表面现象上，不能深入到事物的本质，无法把握事物的本质，而有些人却善于分析，善于思考，因此认识得比较深刻，能够发现隐藏在现象背后的本质。俗语说："会看的看门道，不会看的看热闹"，从哲学寓意上看，"热闹"和"门道"分别指的是"现象"和"本质"。如阅读一部文学作品，故事情节、人物性格是作者呈现出来的现象，我们看到这些属于感性认识，而作品的主题、人物性格与命运的关系是作者要反映的本质，这些需要我们的分析和思考。

我看到了苹果落地，为什么没有看到引力呢？

### 2. 现象与本质的辩证关系

现象和本质是对立统一的辩证关系，它们既相互区别，但又相互依存。

（1）现象与本质是对立的

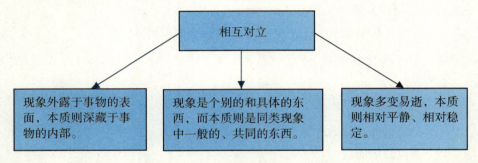

例如，全世界语言文字有几千种，还有很多是已经消失了的，但自古到今的所有语言的本质无非就是几个字：用于交际和思维的工具。又如世界上各个国家的服装多姿多

彩，甚至同一个国家各个民族的服装也各具特色，然而其本质是共同的、稳定的：衣服是用于修饰、御寒的工具。

（2）现象与本质又是相互联系、相互依存的

现象是本质的现象，本质是现象的本质，没有不表现为现象的纯粹本质，也没有不表现本质的纯粹现象。任何现象都从一定方面表现本质，任何本质都是通过现象表现出来，就连假象也是反映事物本质的。例如，一个人的言行举止会反映一个人的思想品质和能力。在人的言行中，有的是真象，有的是假象，无论是真象还是假象，都是其道德品德和能力的表现；一个国家人民的具体生活状况会反映这个国家的富裕程度。科学家们进行各种科学实验，目的是探究事物的本质。

## 二、如何透过现象看到本质

现象和本质的对立，说明了科学研究的必要性，它告诉我们对事物的认识不能停留在表面现象上，认识了事物的现象不等于认识了事物的本质。现象和本质的统一，说明了科学研究的可能性，表明我们可以通过分析事物的现象达到对事物本质的认识。在复杂的现实生活中，透过现象认识本质，以提高人生发展的能力，需要做到以下两个方面。

### 1. 掌握丰富的、合乎实际的感性材料

现象是认识入门的先导，认识事物只能从认识它的现象开始。但是，事物是复杂多变的，往往是真象和假象混杂，本质的东西和非本质的东西同在。要做到透过现象认识本质，就必须全面地占有丰富的、大量的感性材料，综合事物的各种现象，不能道听途说，不能仅仅看到一些局部的、个别的现象，就轻率地对事物的本质下结论，更不能被事物的假象蒙住眼睛。

读万卷书，行万里路。
——梁绍壬

毛泽东曾说过，"没有调查，就没有发言权"，只有通过调查，才能占有十分丰富和合乎实际的感性材料。在现实生活中，刑警破案必须寻找案发第一现场，在现场找到一些蛛丝马迹，比如毛发、指纹、脚印，经过法医鉴定，可以从中判定凶手的年龄、性别、身高、体重、DNA等，最后排查死者的人际关系。有时警察为了破案，对犯罪现场进行地毯式搜索，目的就是掌握丰富的感性材料，不放过任何一个细节。

### 2. 对掌握的感性材料进行去粗取精、去伪存真、由此及彼、由表及里的改造制作

#### （1）去粗取精

在我们掌握的感性材料中，有一些是对我们认识事物的本质起关键作用的，有一些是无关紧要的，我们把前者叫作"精"，把后者叫作"粗"。"去粗取精"的意思就是在若干感性材料中，要排除无关紧要的因素的干扰，重点考虑关键要素，才能比较容易达到对事物本质的认识。

> 在一切道德品质中，善良的本性在世界上是最需要的。
> ——罗素

**哲理故事**

### 九方皋相马

秦穆公对伯乐说："您年纪大了，您的子侄中间有没有可以派去寻找好马的呢？"伯乐回答说："我的子侄都是些下等之才，可以告诉他们识别一般的良马的方法，不能告诉他们识别天下难得的好马的方法。有个曾经和我一起挑担子打柴草的人，叫九方皋，他观察识别天下难得的好马的本领决不在我以下，请让我引见他。"

秦穆公接见了九方皋，派他去寻找好马。过了三个月，九方皋回来报告说："我已经在沙丘找到好马了。"

秦穆公问道："是匹什么样的马呢？"九方皋回答说："是匹黄色的母马。"

秦穆公派人去把那匹马牵来，一看，却是匹纯黑色的公马。秦穆公很不高兴，把伯乐找来对他说："坏了！您所推荐的那个找好马的人，毛色公母都不知道，他怎么能懂得什么是好马，什么不是好马呢？"

伯乐长叹了一声，说道："九方皋相马竟然达到了这样的境界吗？这正是他胜过我千万倍乃至无数倍的地方！九方皋所观察的是马的天赋的内在素质，深得它的精妙，而忘记了它的粗糙之处；明悉它的内部，而忘记了它的外表。九方皋只看见所需要看见的，看不见他所不需要看见的；只视察他所需要视察的而遗漏了他所不需要观察的。像九方皋这样的相马，包含着比相马本身价值更高的道理哩！"等到把那匹马牵回驯养使用，事实证明，它果然是一匹天下难得的好马。

**诗性智慧**

《九方皋相马》是一个典型的去粗取精的故事。现实生活中，有些人做事没有分清主次，本末倒置、舍本逐末，把根本的事忽略了，反而注重一些次要的、无关紧要的细枝末节。如女孩子谈恋爱，对方是一米七还是一米六九显然不是最重要的，是单眼皮还是双眼皮也不影响你以后的幸福，关键要看对方的人品和能力，尤其是责任感。又如，有些家长为孩子选择学校而纠结，其实最主要是要看学校的学风、校风、师资等，而不是看离市区有多近，校园有多大。就如教育家杜威所说：教育即生长，在生长之外别无目的。就是说，衡量一所学校好不好的标准是要看这里能不能让孩子的天性和能力得以健康成长，真正有影响的是前者。总是关注非关键因素的人在生活中会表现为目光短浅，因小而失大，"捡了芝麻，丢了西瓜"，因为他难以抓住事物的本质。

### (2) 去伪存真

在我们掌握的大量现象中，有一些是真实的，有一些是虚假的，虚假的现象不能作为认识事物本质和规律的依据，必须剔除，才不受其干扰，这就需要进行分析和鉴别，我们把这称为"去伪存真"。

## 哲理故事

### 邹忌讽齐王纳谏

邹忌身高八尺，体形容貌美丽。有一天早上，他穿戴好，照着镜子，对他的妻子说："我跟城北的徐公谁漂亮？"他的妻子说："您漂亮，徐公比不上你！"城北的徐公，是齐国的美男。邹忌信不过，就问他的妾："我跟徐公谁漂亮？"妾说："徐公哪里比得上您呢！"第二天，有位客人从外边来，邹忌跟他坐着聊天，问他道："我和徐公谁漂亮？"客人说："徐公不如你漂亮。"又过了一天，徐公来了，邹忌仔细地看他，认为自己不如他漂亮；再照着镜子看自己，更觉得相差太远。晚上躺在床上反复考虑这件事，终于明白了："我的妻子赞美我，是因为偏爱我；妾赞美我，是因为害怕我；客人赞美我，是想要向我求点什么。"

于是，邹忌上朝廷去见威王，说："我确实知道我不如徐公漂亮。可是，我的妻子偏爱我，我的妾怕我，我的客人有事想求我，都说我比徐公漂亮。如今齐国的国土方圆一千多里，城池有一百二十座，王后、王妃和左右的侍从没有不偏爱大王的，朝廷上的臣子没有不害怕大王的，全国的人没有不想求得大王的恩遇的：由此看来，您受的蒙蔽一定非常厉害的。"威王说："好！"于是就下了一道命令："各级大小官员和老百姓能够当面指责我的过错的，得头等奖赏；书面规劝我的，得二等奖赏；能够在公共场所评论我的过错让我听到的，得三等奖赏。"命令刚下达，许多大臣都来进言规劝，官府门口和院子里像个闹市；几个月后，偶尔才有人进言规劝；一年以后，有人即使想规劝，也没有什么说的了。

我们再来看看这个故事。

**哲理故事**

### 曾参杀人

在孔子的学生曾参的家乡费邑，有一个与他同名同姓的人。有一天该同名同姓的人在外乡杀了人。顷刻间，一股"曾参杀了人"的风闻便席卷了曾子的家乡。

第一个向曾子母亲报告情况的是曾家的一个邻人，那人没有亲眼看见杀人凶手。他是在案发以后，从一个目击者那里得知凶手名叫曾参的。当那个邻人把"曾参杀了人"的消息告诉曾子的母亲时，并没有引起预想的那种反应。曾子的母亲一向引以为骄傲的正是这个儿子。他是儒家圣人孔子的好学生，怎么会干伤天害理的事呢？曾母听了邻人的话，不惊不扰。她一边安之若素、有条不紊地织着布，一边斩钉截铁地对那个邻人说："我的儿子是不会去杀人的。"

没隔多久，又有一个人跑到曾子的母亲面前说："曾参真的在外面杀了人。"曾子的母亲仍然不去理会这句话。她还是坐在那里不慌不忙地穿梭引线，照常织着自己的布。

又过了一会儿，第三个报信的人跑来对曾母说："现在外面议论纷纷，大家都说曾参的确杀了人。"曾母听到这里，心里骤然紧张起来。她害怕这种人命关天的事情要株连亲眷，因此顾不得打听儿子的下落，急忙扔掉手中的梭子，关紧院门，端起梯子，越墙从僻静的地方逃走了。

 **诗性智慧**

前一个故事告诉我们：一定要清醒地认识自己，正确地认识自己，不要被别人的评价牵着鼻子走，这样才能做出正确的判断，从而做出合乎实际的抉择。生活中，由于种种原因，人们往往不会说出真话，或阿谀奉承，或诋毁贬损，如果我们能有自知之明，就能保持谦虚谨慎，自尊自信。后一个故事中我们可以看到：缺乏事实根据的流言是非常可怕的。中国有一个成语叫"众口铄金，积毁销骨"，指的就是众人的言论能够熔化金属，纷纷而来的毁谤足以置人于死地。所以人言可畏，舆论影响很强大，众口同声可混淆视听。生活中，我们可以看到很多人是作为"被动者"而存在的，即总是跟着别人的脚步，被牵着鼻子走的。对于某些事情的看法，往往受已有观念的束缚，或者别人怎么说，他就怎么说，别人怎么做，他就怎么做，完全不假思索。这种人我们无法感受到他们身上的气场，因为他们实际上就是"墙头草"。实际上，别人的说法和做法未必正确，更多的时候，需要我们自己去分析、去判断、去决定，这都需要独立思考能力。这就要求我们，不要轻信谣言，不要人云亦云，不要以讹传讹。要学会独立思考，敢于质疑，敢于说"不"，擦亮慧眼，明辨是非。

俗话说：耳听为虚，眼见为实。而听闻孔子有一次也发出这样的感慨：人的眼睛也是会骗人的啊！

 **哲理故事**

### 孔子误会了颜回

《吕氏春秋·任数》中记载了这样一个故事。大意是：孔子周游列国，绝粮于陈国到蔡国的途中，几天没有吃到一口饭。弟子颜回讨了一些米给老师煮饭吃。饭快熟时，孔子看见颜回抓起一把往口中一塞，孔子心中不快，但装作没看见。到吃饭时，孔子突然站起来说，我想用这些饭祭奠先祖。颜回立即阻止道：这饭不干净，刚才还掉进了煤灰，因为丢掉可惜，我还把有煤灰的那点吃了呢。听了这话以后，孔子发出了"所信者目也，而且犹不可信"的感叹。

在现实生活中，有时我们会过分相信自己的眼睛，但是也许你看到的只是事情的一个侧面，也许你自以为看清楚了事实却未必。所以，完全根据表面现象做判断，却不加以分析和思考，我们将变得迷惑，不能认清事物的本质。

（3）由此及彼

人们掌握的大量的感性材料，往往是个别的、彼此分离的，这就需要把它们综合起来进行思考，从总体上进行研究，我们把这称之为由此及彼。

 **哲理故事**

### 居维叶为什么不怕怪物

一天夜里，居维叶正在睡觉，突然，房门被打开了，一个怪物发出嘶叫声，钻了进来。居维叶一惊，立刻睁开蒙眬的睡眼，只见月光下站着一只头上长角、脚上长蹄的怪物。居维叶一转身就睡下了，他嘴里毫不在乎地说："你只会吃草，我不怕你！"

这时，那怪物咯咯地笑了起来。原来，这是一个学生上演的一出恶作剧，想来吓唬一下自己的老师。谁知道老师并不理睬他，仍安然睡去。

居维叶为什么不怕那"怪物"呢？居维叶是法国著名的动物学家，他首创了比较解剖学，从动物的外貌特征，到动物的生活习惯、活动规律，他都了如指掌。他深知凡是脚上长蹄子的动物都是食草动物，食草动物是不吃人的，所以才满不在乎。他是运用已有的知识结构对"有角和蹄子的动物"的本性做出了有效的推理。所以，一个人拥有丰富的文化知识和生活经验就不容易上当受骗啊!

 **思考**

1. 居维叶在识破学生恶作剧时,运用了哪种思维方法?
2. 鲁迅先生认为,上当受骗一般都因为没文化、愚昧,你觉得有道理吗?
3. 生活中你有过受骗的经历吗?这跟缺乏相关知识或见识有关系吗?
4. 运用已有的知识或经验来解决问题,这是什么思维方法?

**(4)由表及里**

这种思维方法指的是通过事物的外部联系发现事物的内部联系,即通过表面现象发现隐藏在其中的内在联系和规律性,知其然而且知其所以然。

知其然知其所以然。
——朱熹

 **哲理故事**

### 对症下药

华佗是我国东汉名医。一次,府吏倪寻和李延两人均头痛发热,一同去请华佗诊治,华佗经过仔细的望色、诊脉,开出两副不同的处方。给倪寻开的是泻药,给李延开的是解表发散药。二人不解:我俩患的是同一症状,为何开的药方却不同呢?是不是华佗弄错了?于是,他们向华佗请教。华佗解释道:倪寻的病是由于饮食过多引起的,病在内,应当服泻药,将积滞泻去,病就好了。李延的病是受凉感冒引起的,病在外,应当吃解表药,风寒之邪随汗而去,头痛也就好了。你们病症相似,但病因相异,所以治之宜殊。二人拜服,回家后各自将药熬好服下,很快都痊愈了。

华佗之所以能针对不同的病症采取不同的治疗方法,就是因为他没有停留在患者具有相同的症状这一现象上,而是进行了更多的观察和询问,分析出李延的病是由外部感冒引起的,倪寻的病是由内部积食引起的,引起病症的本质不同,药方也就不同。

相同的现象表现着不同的本质,而同一本质也可以表现为不同的现象。如苹果落地、水往低处流等隐藏着一个共同的本质——万有引力。这就要求我们看问题不能停留在对现象的认识上,一定要达到对本质的掌握并以此为依据判断事物。

### 诗性智慧

中国有两句古话:"画龙画虎难画骨,知人知面不知心""人心隔肚皮,对面不相觑"。这两句话是告诫我们,要真正认识一个人的思想品德是很难的,不能只从表面言行来判断。人心难辨,也是因为相同的现象可以有着不同的本质,如同样是人际关系不错,有的人是因为随和,有的人是因为正直善良。而同一本质也可以表现为不同的现象,如奸诈的人可能表现为很亲和,也可能表现为很冷漠。我们强调要以诚待人,以信立身,但不要轻易地完全相信他人,因为有些人会以善良的面孔出现在我们的面前,犹如童话中的"狼外婆",以花言巧语等手段使我们进入圈套。对此我们要提高防范能力,提高透过现象认识本质的自觉性。生活中,有些人还想以外在的美丽代替内在的美好,以外在的富足填补内在的空虚,以外在的光鲜遮盖内在的龌龊,以外在的强势拭去内在的自卑。对此我们也要提高识别能力,擦亮慧眼,才不至于人云亦云,迷失自己。总之,在复杂的环境中求生存和发展,有的人会变得粗俗,有的人会走向智慧,两者的区别就在于前者看问题只看现象,于是随波逐流,后者却看到了本质,于是有了灵魂的坚守。前者牺牲了高贵的灵魂来适应环境,后者在适应环境中保护了灵魂的高贵。

我们看事情必须要看它的实质,而把它的现象只看作入门的向导,一进入门就要抓住它的实质,这才是可靠的科学的分析方法。

——毛泽东

### 归纳总结

分析下面几句话,它们包含着哪种思维方式?
1. "眼见"未必"为实"。
2. 捡了芝麻,丢了西瓜。
3. 前事不忘,后事之师。
4. 头痛医头,脚痛医脚。

### 思考与训练

#### 三人成虎

魏国大臣庞葱（恭），将要陪魏太子到赵国去作人质，临行前对魏王说："现在有一个人来说集市上出现了老虎，大王相信吗？"魏王说："不相信。"庞葱（恭）说："第二个人说集市上出现了老虎，大王相信这种说法吗？"魏王说："我怀疑这件事。"庞葱（恭）又说："第三个人说街市上出现了老虎，大王相信这种说法吗？"魏王道："我相信了。"庞葱（恭）就说："集市上没有老虎是明摆着的事，但是有三个人说有老虎，就变成真的有老虎了。现在赵国国都邯郸到魏国国都大梁的距离比距离这里的街市远了许多，而议论我的人也一定超过三个人。希望大王能考察识别那些人的话。"魏王说："我自然知道这个道理。"于是庞葱（恭）告辞而去，果然很快就有许多谣言传到了魏王耳朵里。后来太子结束了人质的生活，回到了祖国。然而庞葱（恭）再也没有见到魏王。

1. 《三人成虎》的故事说明了什么道理？它启发我们生活中应该运用哪种思维方式？

2. 有人说，美丽的容貌可以吸引仰慕者，但要持续地吸引他们，则需要美丽的灵魂。你是如何理解这句话的？

## 三、把握几对辩证概念，提高认识能力

### 1. 原因和结果

**（1）原因和结果的含义**

原因是指引起一定现象的现象，结果是由原因而引起的现象。

**（2）因果联系的特点**

首先，时间上先后相继，即先因后果，原因在前，结果在后。如无风不起浪、摩擦生热、热胀冷缩；勤学出智慧，实践出真知；学然后知不足；虚心使人进步，骄傲使人落后；业精于勤荒于嬉，行成于思毁于随；等等。这些联系既在时间上先后相继，又有引起和被引起的关系，因而属于因果联系。

其次，一种现象引起另一种现象。如山雨欲来风满楼、春华秋实、瓜熟蒂落、熟能生巧等等。而春去夏来、秋尽冬至、风来雨至等就不是因果联系，因为它们之间没有引起和被引起的关系。所以先行后继的关系并不等于因果关系。

**（3）两者的辩证关系**

首先，两者是互相对立的。如地球绕太阳公转和自转与春夏秋冬四季更替以及昼夜交替的关系，前者是原因，后者是结果，不可混淆。

其次，两者是相互依存的。在许多场合下，两者是相互作用，互为因果的。如生产和科技，经济和教育，实践和认识，经济和文化，等等。生产的发展，是科学技术发展的动力，而科学技术的发展，又必然极大地会促进生产的发展；实践是认识的基础，认

识反过来也指导实践，这是一个双向的过程。因此，我们在把握事物的因果关系时，不可简单化，认为原因只能是原因，结果只能是结果，两者是经常换位的。

(4) 正确把握事物的因果联系

第一，要正确归因。

只有找出某一事物或现象产生的原因，才能对它有正确的认识，提出解决问题的有效方法。

**哲理故事**

### 汽车为何对冰淇淋"过敏"

一天，某汽车制造厂总裁收到一位汽车用户的抱怨信，信中写道："总裁先生，这是我第二次给您写信。我不会责怪您没有答复我提出的问题，因为这个问题实在太荒诞了。但它的确是事实，我想再重述一次——我家一向有晚餐后吃冰淇淋的习惯。由于冰淇淋有许多种，所以当大家一致同意吃某一种时，我便被催促开车去商店购买。最近，我买了一辆贵厂出产的汽车。从此以后，去商店就出现了一个奇怪的问题：每次我从商店买完香子兰冰淇淋回家时，汽车就起动不了；但我买其他种类的冰淇淋时，车子却起动得很好。不管这个问题有多么荒唐，我还是想让您知道我对这一问题是非常关注的。是什么原因使得我买香子兰冰淇淋时汽车起动不了，而买其他冰淇淋车就容易起动呢？真切希望您能派人来解决一下。"

这的确是一个十分罕见而有趣的问题。尽管总裁感到半信半疑，但他还是派了一个工程师前去查看。

使工程师很惊讶的是，提出这个问题的竟是一位受过良好教育的男子。这位男子安排他在晚饭后开始工作。晚上，他们坐上汽车去冰淇淋店，也是买香子兰冰淇淋。返回时，车子果然起动不了。之后，工程师又连续去了三个晚上。第一个晚上，车主买巧克力冰淇淋，车起动了；第二个晚上，买草莓冰淇淋，车也起动了；第三个晚上，他们买香子兰冰淇淋，车起动不了。

工程师绝不相信这部车会对香子兰冰淇淋过敏。于是，他又调来了几种不同型号、不同厂家的汽车，采用了相同的方法实验了三天，结果还是一样：买香子兰冰淇淋时，汽车起动不了，而买其他种类的冰淇淋，则能很好起动。

现在的问题已不在这部车本身，而是所有的汽车都对香子兰冰淇淋"过敏"。工程师依旧不相信这会是事实，他开始了更深入的探究。每次他都作详细记录，写下相关的各种数据，如日期、所用汽车类型、汽车往返时间等等。但仍没有发现什么令人惊喜的线索。一个月过去了，工程师一直没有停止思维的运转。终于有一天，他发现了问题所在，即车主买香子兰冰淇淋所花的时间比买其他冰淇淋所花的时间要短。

这又是为什么呢？原来答案在冰淇淋店的货架上。香子兰冰淇淋很受顾客欢迎，所以分箱时将其摆放在货架前面，容易取货付货；而其他冰淇淋则都堆在货架后面，这就需要花较长的时间去找。于是，问题就变成了：为什么车停很短时间就起动不了。工程师进一步研究，找到了原因所在。不是因为香子兰冰淇淋有何神秘之处，而是因为汽锁使车子起动不了。每天晚上买其他冰淇淋时，都需要更多一段时间，而这段时间可使汽车充分地冷却以便起动；但当车主买完香子兰冰淇淋时，汽车引擎还很热，所产生的汽锁耗散不掉，因而汽车起动不了。

原因找到了，由"这部汽车为什么对香子兰冰淇淋'过敏'"，到"为什么所有汽车都对香子兰冰淇淋'过敏'"，工程师采用了"求同法"，即在众多的先行情况中，找到一种唯一相同的情况。而由"为什么所有汽车都对香子兰冰淇淋过敏"到"为什么车停时间短就起动不了"，他则运用了"求异法"，即在众多与被研究现象相关的先行情况中，找到一种唯一不同的相关情况。正是借助这两种基本的探求因果联系的逻辑方法，工程师使问题得以转换，从而发现了使汽车"过敏"的真正原因。

懂得事物因果的人是幸福的。

——培根

 **思考**

1. 项羽在乌江自刎前，对自己的部将说："天亡我也，非战之罪也。"（上天要灭我，不是战争的罪过）项羽刚愎自用，将自己的失利归咎于天，如果他不是这样归因，有可能卷土重来吗？唐代诗人杜牧在《题乌江亭》的诗句中写道："胜败兵家事不期，包羞忍耻是男儿。江东子弟多才俊，卷土重来未可知。"这首诗流露出诗人对项羽负气自刎的惋惜。你如何看？

2. 李嘉诚先生说："不为失败找借口，只为成功找方法。"找方法首先要归因正确，而不是找借口。试想一下，你以前的归因是否就是找借口？你有没有因为归因错误而一错再错的经历？

 **诗性智慧**

正确为成败归因。心理学家认为，人们对于自己的成功和别人的失败习惯于内归因，而对自己的失败和别人的成功则习惯于外归因。而从理智上讲，我们应该做相反的选择。比如，东西被偷了，我们会埋怨小偷，用外归因原谅自己。别人成功了，我们可能会归结于他有朋友帮忙，也用外归因，这样自己就不觉得相形见绌了。但是，这样根本就不客观，只是对自己的一种安慰，对于解决问题有何用呢？东西被小偷偷了，不仅仅是小偷的责任，自己没有保管好自己的财物，不也是有责任吗？别人在朋友的帮助下成功了，不也是因为他值得够能力的朋友帮忙吗？那也有他自己的原因啊！如果能这样归因，我们以后就会注意保管好自己财物，从而减少被偷的机会。也能够看到别人身上的闪光点而找到自己努力的又一方向，这样才真正对自己有利啊！如何才算是正确归因？有利于自己的成长进步是最基本的标准！

第二，为自己创造良好的因。

马克思主义哲学认为，有因必有果、有果必有因。所以，多做正能量的事情、多帮助别人，不做损人利己、伤风败俗的事，多关爱国家、社会，多做力所能及的事来美化我们的社会，也就是在为自己创造美好的未来了。

### 哲理故事

#### 丘吉尔和弗莱明

在英国的苏格兰，有一位贫苦农夫叫弗莱明，他心地善良，乐于助人。有一次他在田里耕作时，忽然听到附近的泥沼地带有人发出呼救的哭泣声，他当即放下手中的农具，迅速地跑到泥沼地边，发现有一个男孩掉进了粪池里，他急忙将这个男孩救起来，使他脱离了生命危险。两天以后，一位高雅的绅士驾着一辆华丽的马车来到了弗莱明所住的农舍，彬彬有礼地自我介绍说，他就是被救男孩的父亲，特此前来道谢。这位绅士表示要以优厚的财礼予以报答，农夫却坚持不受，他一再申明："我不能因救了你的小孩而接受报酬。"正在互相推让之际，一个英俊少年突然从外面走进屋来，绅士瞥了一眼便问道："这是你的儿子吗？"农夫很高兴地点点头说："正是。"绅士接着说道："那好，你既然救了我的孩子，那就也让我为你的儿子尽点力，让我们订个协议吧，请允许我把你的儿子带走，我要让他受到良好的教育。假如这个孩子也像他父亲一样善良，那么他将来一定会成为一位令你感到骄傲的人。"鉴于绅士的诚心诚意，农夫只好答应了他的提议。

绅士非常讲信誉，重承诺，不但把农夫的孩子送到学校读书，而且还供他到圣玛利医学院上学，直至毕业。这个农夫的孩子不是别人，他就是后来英国著名的细菌学家亚历山大·弗莱明教授。他于1928年首次发明了举世闻名的青霉素，后来又经过英国病理学家弗洛里和德国生物学家钱恩的进一步研究完善，于1941年开始用于临床，并于1943年逐渐加以推广。青霉素被公认为是第二次世界大战中与原子弹和雷达相并列的第三个重大发明。

而上面提到的那个绅士便是英国上议院议员丘吉尔，他那个被农夫救起的儿子后来成了英国著名的政治家、"二战"时期的首相丘吉尔爵士。

谁也没有料到，一个农夫救起一个素不相识的孩子对后世会发生如此重大的影响，他自己的儿子也因此而获得受高等教育的机会，日后竟然会成为英国著名的细菌学家和青霉素的发明者。丘吉尔首相在"二战"中的卓著功勋无须赘述，弗莱明教授发明的青霉素也不知拯救了多少过去根本无法拯救的生命，真是为全人类造福不浅。从这个意义上讲，那位行善积德的农夫弗莱明所得的报酬是最高和最优厚的，也可以说是举世无双的！

一般认为，帮助别人就是行善，其实不然，因为善恶是需要从总体上把握的，助纣为虐、为虎作伥就不是善行了。

 **哲理故事**

### 好事坏事

明代戏剧学家冯梦龙写过这样一个故事：某个地方有一座庙，庙里供着一尊用木头雕成的佛像。村子里有一户人家很穷，到了冬天，没有燃料做饭，便到庙里去偷那尊佛像，把佛像劈开当柴烧。村子里有一个木匠，他到庙里去烧香拜佛，发现佛像不见了，就回家雕了一尊，送到庙里供奉。那穷人到处找燃料，他听说庙里又有佛像了，就再去偷；那个木匠，便赶紧再去补充。一年又一年，年年冬天都是这样。后来，小偷和木匠都死了，阎王判小偷下十七层地狱，却把那个木匠打入十八层地狱。为什么呢？阎王说："正因为你造了那么多佛像，他才毁坏了那么多佛像，不是你，小偷哪有那么多的机会造这么多的恶呢？"

 **诗性智慧**

"善有善报恶有恶报"是佛家宣扬的一种因果关系，可以说这跟马克思主义哲学的"有因必有果，有果必有因"是一致的。但在现实生活中，我们也会看到好人遭殃坏人得意的情况，这就关系到如何分辨善恶及善报恶报的问题了。有时善恶及其结果还要从总体上把握，需要整体、联系来看，因为眼前的善可能会演变成日后的恶，眼前的恶可能会演变成日后的善，就像上面的故事。另外，有些"恶"是以"善"的面目出现的，比如"笑面虎"一说，但形式上的"善"永远掩盖不了本质上的"恶"，只是分辨它需要时间，可见分辨善恶可不是一件简单的事。至于善恶的结果，我们相信多行不义必自毙，恶人的结果总是不好的。但因为人生的困难和挫折在所难免，善人恶人都难免遭受世间苦难。但同样的遭际，由于两者的精神品质不同，其意义和感受也就迥然不同了。哲学家奥古斯丁说过：同样的痛苦，对善者是证实、洗礼、净化，对恶者是诅咒、浩劫、毁灭。以不同的精神价值给两者以体验，已经是奖惩分明了。也就是说，善良本身就是对善者的最好奖励，因为他们体验了人性的美好，而阴恶本身也是对恶人的最大惩罚，因为他们未曾有过阳光的精神体验。

（3）好好监管自己的"因果"

自己的生活由自己创造，可有些人很关注别人的生活，其实过分关注别人并不能改变你的生活。只是平白地增加自己心理的不安。所以我们需要的只是好好监管自己的"因果"。

若知道结果是快乐的，我会百般忍受眼前的痛苦；若知道结果是痛苦的，我会竭力回避眼前的快乐。

——蒙田

**哲理故事**

### 别把自己弄丢

有甲和乙两个年轻人，大学毕业后一起到广州闯天下。甲很快做成一单大生意，升为部门经理；乙业绩很差，还是一个业务员，并且是甲的手下。乙心理不平衡，就去庙里找和尚，求神明相助。和尚说："你过三年再看。"三年后，他找到和尚，很沮丧地说甲现在已经是总经理了。和尚说："再过三年再看。"三年又过去了，他又去见和尚，气急败坏地说："甲已经自己当老板了。"和尚说："我也从普通和尚升为方丈了。我们都是自己，你是谁？我们都为自己活着，监管着自己的责任，你在干什么？你痛苦地为甲活着，监管着他，你丢的不是职位、金钱和面子，你丢掉了自己。"一年后，乙又来了，幸灾乐祸地说："和尚你不对，甲公司破产，他坐牢了。"和尚无语，心里悲悯："坐牢了，破产了，甲还是他自己。可是你这个可怜的人啊，还不是你自己呀。"

十年后，甲在监狱里服刑时，思索人生，写了一本书，很轰动，成了畅销书。甲获得减刑，提前出狱，到处见记者，签名售书，成了名人，无限风光。甲还在电视上与和尚一起，作为名人谈经论道、感化众生。乙在出租屋里看电视，手里翻着甲的书，内心极度痛苦。他给和尚发短信："我相信命运了，甲坐牢都能坐出好风光来。"和尚回短信给他："阿弥陀佛，你还没找到自己。"

乙就这样一辈子把自己给弄丢了。

### 诗性智慧

你看到别人一路畅通时，心中是否会愤愤不平？看到别人失意落魄时，又是否会幸灾乐祸、沾沾自喜？对于别人的不是，你是否会横加指责？其实别人的好与坏，与你又有什么关系呢？每个人都在种自己的因收自己的果，我们需要做的其实只是自己，我们要关注的其实只是自己的因果，别人身上的因果，对我们来讲只是一种参照，一种借鉴。人际关系中，不必过度地关注别人，也不必纠结于别人是否比自己强，每个人都是受自己控制的，他是如何思考，又是如何发展的，我们把握不了。明白了这一点，我们在心理上就会少了很多负担。真正智慧的人，在人生的路上，会把注意力放在自己身上，追求不断的自我升级：对照别人的一切，不断地鞭策自己，一路坚持，才能不断地升华，实现人生的梦想。

#### 2. 偶然性和必然性

（1）偶然性和必然性的含义

偶然性是指客观事物发展过程中并非确定发生的，可以出现、也可以不出现，可以这样出现、也可以那样出现的不确定的趋势。如瓜的大小、重量，豆结了几颗子。天灾人祸、上课迟到、商品价格的波动等都是偶然事件。必然性是指客观事物在联系和发展过程中合乎规律的、一定要发生的、确定不移的趋势。如人的生老病死，植物生长，水往低处流，鸭子浮水，"种瓜得瓜，种豆得豆"，等等。

（2）偶然性和必然性的辩证关系

首先，两者是互相对立的。必然产生于主要矛盾，起决定作用。偶然产生于次要矛盾，处于从属地位，起促进或延缓作用。

其次，两者是统一的。必然性通过大量的偶然性表现出来，而偶然性背后隐藏着必然性并受其支配。莫泊桑的小说《项链》中，主人公玛蒂尔德"丢项链"看似偶然，但是否隐藏着某种必然因素呢？分析一下玛蒂尔德的性格特征，就可以揭示其遭遇的必然性——一句话"性格即命运"。其实我们生活中的不愉快都有必然性，因为都跟我们自己内在的精神素养有关。

### 思考

中国有句话"吃一堑长一智"。生活中的每一个挫折其实都在给我们某些启示，你遇到挫折的时候，能抓住机会进行反思吗？

**诗性智慧**

这一"智"有赖于思考，其实就是抓住了某种必然性。受到一次挫折，便得到一次教训，增长一分才智。错误往往是正确的先导，失败常常是成功之母。只要人们分析失败的原因，化不利条件为有利因素，就能从失败中吸取教训，变失败为成功。

（3）偶然性和必然性的辩证关系原理给我们的启示

首先，努力发现必然性。只有发现必然性，按照必然规律办事，才能不被偶然现象所迷惑。

**哲理故事**

### 守株待兔

宋国有一个农夫，每天在田地里劳动。有一天，这个农夫正在地里干活，突然一只野兔从草丛中蹿出来。野兔因见到有人而受了惊吓。它拼命地奔跑，不料一下子撞到农夫地头的一截树桩上，折断脖子死了。农夫便放下手中的农活，走过去捡起死兔子，他非常庆幸自己的好运气。晚上回到家，农夫把死兔交给妻子。妻子做了香喷喷的野兔肉，两口子有说有笑美美地吃了一顿。

第二天，农夫照旧到地里干活，可是他再不像以往那么专心了。他干一会儿就朝草丛里瞄一瞄、听一听，希望再有一只兔子蹿出来撞在树桩上。就这样，他心不在焉地干了一天活，该锄的地也没锄完。直到天黑也没见到有兔子出来，他很不甘心地回家了。

第三天，农夫来到地边，已完全无心锄地。他把农具放在一边，自己则坐在树桩旁边的田埂上，专门等待野兔子蹿出来。可是又白白地等了一天。

后来，农夫每天就这样守在树桩边，希望再捡到兔子，然而他始终没有再得到。但农田里的苗却枯萎了。农夫因此成了宋国人议论的笑柄。

必然性和偶然性有明显的界限，我们不能把偶然性误认为是必然性，也不能将必然性误认为偶然性，这位宋国的农夫就是将偶然现象当成了必然趋势，才干出这种令人发笑的蠢事。

其次，抓住偶然现象提供的机遇，揭示偶然现象背后隐藏的必然性。

伟大的发明家爱迪生曾说过一句名言："什么是天才，天才就是99%的汗水，加上1%的灵感。"这种1%的灵感往往来源于偶然的发现，受到启发。鲁班造锯、阿基米德发现浮力定律、爱德华·詹纳发现牛痘、伦琴发现X射线、弗莱明发现青霉素都是科学家抓住和分析偶然现象而取得的重大科学发现，而抓住偶然现象也是与科学家们平时的思考和研究分不开的。

 **哲理故事**

### 鲁班造锯

鲁班是我国古代最负盛名的能工巧匠，也是一位十分伟大的发明家。传说现在木工所用的锯子就是鲁班发明的。

一天，鲁班到一座高山上去寻找木料，突然脚下一滑，他急忙伸手抓住路旁的一丛茅草。手被茅草划破了，渗出血来。"怎么这不起眼的茅草这么锋利呢？"他忘记了伤口的疼痛，扯起一把茅草细细端详，发现小草叶子边缘长着许多锋利的小齿。他用这些密密的小齿在手背上轻轻一划，居然割开了一道口子。

他想：要是我也用带有许多小锯齿的工具来锯树木，不就可以很快地把木头锯开了吗？那肯定比用斧头砍要省力多了。于是，鲁班请铁匠师傅打制了几十根边缘上带有锋利小锯齿的铁片，拿到山上去做实验。果然，很快就把树木锯断了。

鲁班给这种新发明的工具起了一个名字，叫作"锯"。

 **诗性智慧**

偶然性背后隐藏着必然性的。科学上的许多新发明，都是通过无数偶然的机遇，首先被有才华的科学家认识到的。但是我们要看到，世界上从来没有不劳而获的事情，科学家们的成功不是唾手可得的，他们中很多人其实一直在某个领域进行研究探索，这种平时的积累和长期的准备是不可忽视的，一旦机遇出现，他们才有足够的智慧和能力牢牢抓住它，他们才能够洞察到这种机遇的价值。所以，我们平时说，机遇总是垂青于有准备的人！"台上一分钟，台下十年功"，长期的刻苦努力才会成就台上一分钟的光彩。"养兵千日，用兵一时"，平时积蓄力量，在关键时刻带兵打仗才会打胜仗。我们在羡慕别人机遇好的时候，一定要看到别人成功背后的艰辛努力，长期的坚持和探索。记住：机遇很重要，但机遇不可能凭空降临，机遇总是留给有准备的人。我们应该从现在开始为明天做好准备，储备知识，提升技能，积累经验，在方方面面付出努力。当机会来临时，我们才有足够的实力抓住它，改变命运，书写人生。

3. 真理和谬误

（1）真理和谬误的定义

真理是对客观事物的本质及其规律的符合的或正确的反映。谬误是对客体错误的歪曲的反映。

**（2）真理和谬误的辩证关系**

首先，真理和谬误是互相对立的，有着严格的界限，不能混淆。

其次，真理和谬误是互相统一的。两者相比较而存在，相互斗争而发展，并且在一定条件下可以相互转化。

**（3）真理的绝对性和相对性**

真理的绝对性是指人们对客观事物及其规律的正确认识具有确定性、无条件性。表现在真理的内容和认识真理的能力方面。①从内容上看：任何真理都包含不以人的意志为转移的客观内容。如勾股定理。②从认识的发展趋势和人类的认识能力上看：人类能够正确认识无限发展着的物质世界，世界是可知的。

真理的相对性是指人们对客观事物及其规律的认识的近似性、有条件性。如水的沸点是100摄氏度似乎是人们公认的常识，其实水的沸点会因海拔的不同而有所变化。海拔越高，沸点越低，在高山地区，水的沸点远低于100摄氏度。在珠穆朗玛峰，水的沸点只有71摄氏度。①从认识的广度看：任何真理性认识都只是对客观物质世界的某一领域、某一部分、某一方面、某一片断的正确认识，而不是对全部事物的正确反映。如具体科学。②从认识的深度看：事物是变化的，任何真理性的认识都只是对特定的具体事物一定程度、一定层次的近似正确的反映。比如，中国特色社会主义。

真理多走一步，哪怕是向同一方向多走一步，它也会变成荒谬绝伦的东西。
——列宁

对于人来说，黄金是贵重的，但驴子宁愿要草料不要黄金；对于人来说，海水脏，不能喝，而对于鱼来说，则是干净的，能喝的。
——赫拉克利特

### 诗性智慧

不要把自己的观点强加于人。古代哲人教导我们："己所不欲，勿施于人。"这是要求我们要将心比心，不要将自己认为不好的东西强加于人，损人利己。那么自己认为是真、善、美的东西就可以强加于人吗？未必！生活中的许多纷争，就是起于强求别人接受自己的趣味、观点、立场等。人们很容易以自己所是为是，别人所是为非，而且往往认为以己所欲施于人的出发点是好的，是为了造福他人。殊不知在人类历史上，最深重的灾难就是由那些以救世主自居的征服者们发动的战争造成的！己之所欲未必是人之所欲，你认为对的在别人的角度却是接受不了的，因为萝卜青菜各有所爱，这也是真理相对性的体现。记住：在这个价值多元化的社会，在遵守法律、不损害他人和社会的前提下，人们拥有许多精神和生活的自由，都可以按照自己的生活方式来生活，这种情况下以己所欲施于人其实就是对别人的严重侵犯。

**归纳总结**

分析下面几句话。

1. 无风不起浪。
2. 种瓜得瓜，种豆得豆。
3. 尽信书不如无书。
4. 读书破万卷，下笔如有神。

**思考与训练**

1. 有理走遍天下，无理寸步难行。这里的"理"指的是"必然规律"，你是否由此看到探究事物必然因素的必要性？你还会对偶然现象抱侥幸心理吗？
2. 西方一些国家的监狱很人性化，甚至很舒适，他们认为文明能产生文明，野蛮将产生野蛮。他们的监狱模式是否适合于所有国家，为什么？
3. 只有适合自己的路，才是最好的路。这一点说明了哪个哲学原理？

# 第九课　科学思维与创新能力

当今世界，科技进步日新月异，新材料、新工艺、新知识、新技术、新观念、新思维不断涌现，创新速度不断加速，不仅为人类思维资源的开发开辟了广阔前景，同时也对人的思维能力开发提出了挑战。国家之间和地区之间的竞争，实质上是科技的竞争，科技竞争的核心是自主创新能力的竞争。面对新科技革命挑战，人们又从更高的层面上获得普遍的共识：自主创新能力是第一竞争力，谁自主创新能力强，谁就能占领竞争制高点；谁拥有强大的自主创新能力，谁在竞争中就立于不败之地；创新能力比知识更有力量。而创新能力的差异，主要原因在于是否有科学思维方法的指导。

## 一、培养科学的思维方法

人们要正确认识事物的本质和规律，必须培养科学的思维方法。

**哲理故事**

### 蔡伦如何解决造纸的难题

蔡伦看到大家写字很不方便，竹简和木简太笨重，丝帛太贵，丝绵纸不可能大量生产，都有缺点。于是他就研究改进造纸的方法。蔡伦总结了前人造纸的经验，带领工匠们用树皮、麻头、破布和破渔网等原料来造纸。他们先把树皮、麻头、破布和破渔网等东西剪碎或切断，放在水里浸渍相当时间，再捣烂成浆状物，还可能经过蒸煮，然后在席子上摊成薄片，放在太阳底下晒干，这样就变成纸了，用这种方法造出来的纸，体轻质薄，很适合写字，受到了人们的欢迎。

蔡伦解决造纸的难题，从不同的角度思考问题，进行了思维创新，而且也全面地看问题，运用了辩证思维。创新思维、辩证思维，就体现了科学思维方法在造纸技术创新中的作用。

1. 如何培养科学的思维方法

（1）培养科学的思维方法，必须以正确的世界观和方法论为指导

马克思主义世界观和方法论是指导我们正确地认识世界和改造世界的理论基础。在马克思主义的指导下，我们能够更加自觉地走向科学的思维。

（2）培养科学思维方法，要求我们运用辩证思维的方法

辩证思维就是用联系的、发展的、全面的观点看待事物和思考问题，其实质与核心是运用矛盾分析法，从对立面的统一中把握事物。辩证思维方法是人们进行辩证思维的逻辑工具，是科学思维方法的重要组成部分。

大家阅读如下关于华佗的"五禽戏",思考华佗是受到什么启发编出了"五禽戏"的?这对我们有什么启示?

### 延伸阅读

华佗是我国东汉末年的大医学家和药物学家,为充实和丰富我国古代医学宝库做出了重大贡献。华佗不仅精通医术,而且非常重视体育锻炼对人的健康的作用。有一次,华佗正在书房里读书,见一小孩把住门闩来回晃动,他立即想到古书上"户枢不蠹,流水不腐"的话。人为什么不这样天天运动,让气血流通呢?后来,华佗参考了"导引术"(全面锻炼身体的方法),编出了一套锻炼身体的拳法,名叫"五禽戏"。这种体育运动就是模仿虎、鹿、熊、猿、鸟五种禽兽运动姿态的体操,可以使周身关节、脊背、腰部、四肢都得到舒展。华佗的弟子吴普,由于几十年坚持做"五禽戏",活到90多岁,仍然步履轻捷,耳聪目明,牙齿坚固,可知"五禽戏"是行之有效的健身体操。

(3)**培养科学思维方法,要求我们遵循形式逻辑的要求,正确地运用形式逻辑**

我们所熟悉的中国古代寓言中的"自相矛盾",是逻辑矛盾,指思维中出现的一种错误,说明对同一事物或对象不能同时做出既肯定又否定的逻辑判断。

人们认识事物、表达思想,要运用概念、判断、推理等思维形式。在思维的过程中要做到概念明确、判断恰当和推理合乎规则,不可自相矛盾、不能混淆概念或偷换概念,也不能转移论题或偷换论题。

2. 科学思维方法与人生发展能力

科学的思维方法是人们正确认识事物的工具,能帮助我们不断提高人生发展的能力。

大家看看以下《没问题》故事,故事中发型师思维的高明之处在哪里?谈谈如何用科学思维解决人生中的疑难问题。

**哲理故事**

### 没问题

一个秃头的男人坐在理发店里。发型师问:"有什么可以帮你的吗?"那个人解释说:"我本来想去做头皮移植,但实在太痛了,如果你能够让我的头发看起来像你的一样,而且没有任何痛苦,我将付你 5000 美元。""没问题。"发型师说。然后他很快将自己剃了个光头。

从某种意义上讲,创造力作为人生发展最需要的一种高级能力,其核心就是创造性思维。所以在思维过程中非常需要创造性思维,只有这样,人的认识能力才能得到进一步发挥,认识成果往往出其不意。这个小幽默中的发型师面对秃头的顾客提出的苛刻要求,他不是按照常规在顾客身上做文章,而是从自己身上做文章,赢了顾客。

学会运用科学思维方法,用辩证的思维指导人生,就能更深刻地洞察人生、认识人生,就能减少人生的迷误,就能有助于我们汲取前人思维方法之精华,少走弯路,正确认识事物、解决问题,更好地实现人生价值,做聪颖智慧的人,做有利于国家、有利于社会的人。

科学的思维方法不是凭空臆造的,而是人类从无数次实践的成功经验与失败教训中总结出来的。人生发展需要不断通过实践和学习提高能力,既要在学习和实践中不断增长知识,也要加强科学思维方法的训练。

## 二、几种常用的科学思维和创新思维方法

### 1. 联想思维法——培养思维的深刻性

联想思维法是根据事物之间都是具有接近、相似或相对的特点,进行由此及彼、由近及远、由表及里的一种思考问题的方法。它是通过对两种以上事物之间存在的关联性与可比性,去扩展人脑中固有的思维,使其由旧见新,由已知推未知,从而获得更多的设想、预见和推测。

 **名言**

知识,只有当它靠积极思维得来而不是凭记忆得来的时候,才是真正的知识。

——托尔斯泰

 **哲理故事**

### 午餐实验

在英格兰,有人曾做过这样一个有趣的实验。那是在一次有许多人参加的午餐上,

主办方聘请了一个有名的厨师,这厨师做出的饭菜不说是十里飘香,也可谓有滋有味。但实验者别出心裁地对做好的饭菜进行了"颜色加工"。他将牛排制成乳白色,色拉(西餐中的一种凉拌菜)染成发黑的蓝色,把咖啡泡成混浊的土黄色,芹菜变成了并不高雅的淡红色,牛奶被他弄成血红,而豌豆则染成了黏糊糊的漆黑色。满怀喜悦的人们本来都想大饱口福,但当这些菜肴被端上桌子时,面对这美餐的模样都发起呆来。只见有的迟疑不前,有的怎么也不肯就座,有的狠狠心勉强吃了几口,都恶心地直想呕吐。而另一桌的人又是怎样的呢?同样是这样一桌颜色奇特的午餐,却遇到了一些被蒙住眼睛的就餐者,这桌菜肴的命运可就大大地不同了,菜肴很快就被人们吃了个精光,人们意犹未尽,赞不绝口!

这顿午餐的"魔术师"通过上述实验证明了联想具有很强的心理作用。看得见食物的人们,由于食物那异常的颜色而产生了种种奇特的联想:牛排形似肥肉,喝牛奶联想到喝猪血,吃豌豆则联想到吞食腐臭了的鱼子酱……是联想妨碍了他们的食欲。另一桌被蒙住眼睛的客人没有这种异样的联想而仍然食欲大增。那么什么是联想呢?

联想思维是建立在逻辑思维之上的正确想象的必然结果。联想思维要遵守三条法则。

(1)有接近才能联想

联想的事物之间必须有某些方面的接近与联系,能在时间或空间上使人脑与外界刺激联系起来。

 **哲理故事**

### 从"猫"到"掩蔽部"

在"二战"期间,德国的侦察兵发现法军阵地后方的一片坟地上常出现一只有规律活动的家猫。每天早晨八九点钟时,那只猫在坟地上晒太阳,而坟地周围既没有村庄的房舍,也看不到有人活动。这位善于联想的侦察兵从空间位置的接近上,联想到坟地下面可能是个掩蔽部,而且还可能是个高级机关。他于是发出通知,德国用6个炮兵营集中攻击这片坟地。事后查明,这里的确是法军的一个高级指挥部,掩蔽在里面的人员几乎全部丧生。

(2)有相似才能联想

联想事物对大脑产生刺激后,大脑能很快做出反应,回想起与同一刺激或环境相似之经验。

**哲理故事**

### 电影《手机》的诞生

2003年岁末，作家刘震云的《手机》和冯小刚导演的同名电影上市，均创造了不菲的业绩，电影的票房收入超过3500万。其实，这部电影来自作家和导演的一个偶然的联想。2003年9月底，刘震云在冯小刚工作室发表"向生活要艺术"还是"向艺术要艺术"的高论时，每个人都不停地在接打手机，且状态各异，冯、刘二人的兴奋点便不知不觉地转移到他们的身上。冯小刚突然说：应该拍一部电影，就叫《手机》，谨以此片献给每一位手机持有者。刘震云一巴掌拍在冯小刚的肩上——这就是"向生活要艺术"！

"手机本来是用来沟通的，但它却使人们变得心怀鬼胎，这时手机就不再是手机了，手机变成了手雷，反过来控制了它的使用者……"刘震云当即当众表示：我愿意写这个剧本，如果你们不做，我就把它写成小说——因为手机的使用极大地改变了汉语的说话习惯，手机连着人的嘴，嘴连着心，心里的秘密源源不断地输入了手机。为了掩盖手机里藏着的秘密，人们开始说谎和言不由衷。

这就是小说《手机》和电影《手机》诞生的契机，其实就是联想思维所产生的创造性的成果。

电影《手机》就是依靠这样的一种契机而诞生的，讲述"话语"在生活中历险的故事。其联想过程是：向生活要艺术——开会解决讨论——与会人员经常接打手机——话语与手机是喧嚣与助长的关系——写一部表现话语与手机的书——拍一部同名的电影。

（3）有对比才能联想

大脑能想起与这一刺激完全相反的经验。

想象力是艺术人才创意最基本也是最重要的一种思维方式，也是评价艺术工作者素质及能力的要素之一。想象力说白了无非就是在事物之间搭上关系，就是寻求、发现、评价、组合事物之间的相关关系。例如，由"速度"这个概念，人们头脑中会闪现出呼啸而过的飞机、奔驰的列车、自由下落的重物等，随之还会产生"战争""爆炸""闪光""粉碎"等一系列联想。再如，由叶产生形的联想，如手、花、小鸟和山脉等；由叶的质感产生意的联想，如轻柔、飘逸、旋转、甜美、润泽和生命等。

当一个人在欣赏他所喜爱的作品时，也会感受到一种独特的气氛和环境，从中产生特定的联想。如从唐代张若虚《春江花月夜》的优美诗句中，我们可以联想到波涛翻滚的江水、一望无际的大海、清冷宁静的月夜、如梦如歌的乐曲和处于这种情景之下人的内心境界。

## 2. 发散思维法——培养思维的灵活性

发散思维方法又称辐射思维法，它是从一个目标或思维起点出发，沿着不同方向，顺应各个角度，提出各种设想，寻找各种途径，解决具体问题的思维方法。根据美国学者吉尔福特的理论研究：与人的创造力有密切相关的是发散性思维能力与其转换的因素。他指出："凡是有发散性加工或转化的地方，都表明发生了创造性思维。"

 **哲理故事**

### 一支铅笔的用途

1983 年，一位叫普洛罗夫的捷克籍法学博士在做毕业论文时发现：50 年来，纽约里士满区一所穷人学校出来的学生在纽约警察局的犯罪记录最低。

普洛罗夫最初想通过调查来拖延在美国的时间以便在美国找到一份律师工作，所以他努力调查，并向纽约市市长申请到一笔市长基金以便就这一课题深入开展调查。凡是在圣·贝纳特学院学习和工作过的人，只要能打听到他们的地址或邮箱，普洛罗夫都要给他们邮寄一份调查表，问他们："圣·贝纳特学院教会了你什么？"在将近 6 年的时间里，他共收到了 3756 份回函。在这些回函中有 74% 的人回答，他们在学校里知道了一支铅笔有多少种用途。

这是怎么回事呢？普洛罗夫走访纽约市最大的一家皮货商店的老板后得到了答案。该老板说："贝纳特牧师教会了我们一支铅笔有多少种用途。我们入学的第一篇作文就是这个题目。当初，我认为铅笔只有一种用途——写字。谁知道铅笔不仅能用来写字；必要时候还能用来替代尺子画线；还能作为礼品送朋友表示友爱；能当商品出售获得利润；铅笔的芯磨成粉后可以做润滑粉；演出的时候可以临时用来化妆；削下的木屑可以做成装饰画；一支铅笔按照相等的比例锯成若干份，可以做成一副象棋；可以当作玩具的轮子；在野外缺水的时候，铅笔抽掉芯还能当作吸管喝石缝中的水；在遇到坏人时，削尖的铅笔还能作为自卫的武器……总之，一支铅笔有无数种用途。贝纳特牧师让我们这些穷人的孩子明白，有着眼睛、鼻子、耳朵、大脑和手脚的人更是有无数种用途，并且任何一种用途都足以使我们成功。我原来是个电车司机，后来失业了。但是你看，我现在是一个皮货商了。"

普洛罗夫后来又采访了一些圣·贝纳特学院毕业的学生，发现无论贵贱，他们都有一份职业，并且生活得非常乐观。而且，他们都能说出一支铅笔至少 20 种用途。

普洛罗夫在调查中受到了启发。调查一结束，他就放弃了在美国寻找律师工作的想法，匆匆回国了。后来，他在捷克当上了最大的一家网络公司的总裁。

**诗性智慧**

> 一个人或一个企业，不论遇到什么样的危机或困难，都应该相信自己的潜能、自己的努力，都应该明白自己的用途绝非一种。只要肯像铅笔一样，极力去发挥自己多方面的能力与用途，总能找到新的机遇与转机，也总能找到更适合自己去做的事。这样，成功或许会来得更快、更好，也更能使自己有价值、有意义。

人的发散性思维能力是可以通过锻炼而提高的，其要点是：首先，凡事要大胆地敞开思路，不要仅仅考虑实际不实际，可行不可行。正如一个著名的科学家所说："你考虑的可能性越多，也就越容易找到真正的诀窍。"然后，要努力提高多向思维的质量，单向发散只能说是低水平的发散。最后，坚持思维的独特性是提高多向思维质量的前提，重复自己脑子里传统的或定形的东西是不会发散出独特性的思维的。只有在思维时尽可能多地为自己提出一些"假如……""假设……"等，才能从新的角度想自己或他人从未想到过的东西。

3. 收敛思维法——培养思维的整合性

收敛思维，也称聚合思维或集束思维，是在已有的众多信息中寻找最佳的解决问题方法的思维过程。在收敛思维过程中，要想准确发现最佳的方法或方案，必须综合考察各种思维成果，进行综合的比较和分析。因此，综合性是收敛思维的重要特点。收敛式综合不是简单的排列组合，而是具有创新性的整合，即以目标为核心，对原有的知识从内容和结构上进行有目的的选择和重组。

收敛思维的具体方法很多，常见的有抽象与概括、分析与综合、比较与类比、归纳与演绎、定性与定量等。

（1）抽象与概括的训练

"去粗取精、去伪存真、由此及彼、由表及里。"这16个字说明了科学的抽象和概括的一般步骤。即通过积极思维，找出相关知识的内在规律，加以抽象和概括，这样就能用知识将问题解决得透，记忆深刻，掌握牢固，能收到事半功倍的效果。

（2）归纳与演绎的训练

归纳法又称归纳推理，是从特殊事物推出一般结论的推理方法。演绎法又叫演绎推理，是从一般到特殊。在认识过程中，归纳和演绎是相互联系、相互补充的。传统的专业课教学方法一般先讲原理，然后再讲实例。这种演绎式教学方法虽有利于求同思维的培养，但却不利于创造性思维的发展。而归纳法教学有利于收敛性思维的培养。因此，从"特殊→一般"的归纳式教学法有助于逻辑思维的发展，有助于弥补专业课逻辑推理不足的缺陷，更有助于创造性思维能力的培养。

（3）比较与类比、分析与综合的训练

创造性思维是一种综合性思维。法国遗传学家F. 雅各布说："创造就是重新组合。"比较、类比和分析是一种联动性思维。它可以激发人们的情感，启发人们的智慧，提出独特性的方法。通过对相关知识进行比较、类比和分析综合，遵循"发散→收敛→再发散→再收敛"和"感性认识→理性认识→具体实践"的认知过程，培养创造能力。

4. 逆向思维法——培养思维的独创性

逆向思维法是相对于习惯思维而言的，也就是从相反的方向来考虑问题的思维方法，它常常与事物常理相悖，但却达到了出其不意的效果。因此，在创造性思维中，逆向思维是最活跃的部分。

逆向思维法有如下三大类型：

(1) 反转型逆向思维法

这种方法是指从已知事物的相反方向进行思考，任何事物都包括对立的两个方面，这两个方面又相互依存于一个统一体中。人们在认识事物的过程中，实际上是同时与其正反两个方面打交道，只不过由于日常生活中人们往往养成一种习惯性思维方式，即只看其中的一方面，而忽视另一方面。如果逆转一下正常的思路，从反面想问题，便能得出一些创新性的设想。

 **哲理故事**

### 孙膑智对魏惠王

孙膑是战国时著名兵家，至魏国求职，魏惠王心胸狭窄，忌其才华，故意刁难，对孙膑说："听说你挺有才能，如你能使我从座位上走下来，就任用你为将军。"魏惠王心想：我就是不起来，你又奈我何！孙膑想：魏惠王赖在座位上，我不能强行把他拉下来，把皇帝拉下马是死罪。怎么办呢？只有用逆向思维法，让他自动走下来。于是，孙膑对魏惠王说："我确实没有办法使大王从宝座上走下来，但是我却有办法使您坐到宝座上。"魏惠王心想，这还不是一回事，我就是不坐下，你又奈我何！便乐呵呵地从座位上走下来，孙膑马上说："我现在虽然没有办法使您坐回去，但我已经使您从座位上走下来了。"魏惠王方知上当，只好任用他为将军。

(2) 转换型逆向思维法

这是指在研究一个问题时，由于解决某一问题的手段受阻，而转换成另一种手段，或转换角度思考，以使问题顺利解决的思维方法。

 **哲理故事**

### 司马光砸缸

司马光是我国北宋时期著名的政治家、文学家。当他还是孩童时，有一次，司马光跟小伙伴们在后院里玩耍。院子里有一口大水缸，有个小孩爬到缸沿上玩，一不小心，掉到缸里。缸大水深，眼看那孩子快要没顶了。别的孩子们一见出了事，吓得边哭边喊，跑到外面向大人求救。司马光却急中生智，从地上捡起一块大石头，使劲向水缸砸去。"砰！"水缸破了，缸里的水流了出来，被淹在水里的小孩也得救了。

司马光砸缸救落水儿童的故事，实质上就是一个用转换型逆向思维法的例子。由于司马光不能通过爬进缸中救人的手段解决问题，因而他就转换为另一手段，砸缸救人，进而顺利地解决了问题。据说诸葛亮每次在战前召集谋士出谋划策，可在临战时，又采用相反的策略，结果经常出奇制胜。诸葛亮认为，凡是自己的谋士能考虑到的事，敌方也易考虑到，反其道而行之，才能出奇制胜。

(3) 缺点型逆向思维法

这是一种利用事物的缺点，将缺点变为可利用的东西，化被动为主动，化不利为有利的思维方法。这种方法并不以克服事物的缺点为目的，相反，它是化弊为利。

实际上这类创意在使用中有较大的风险，尤其是广告创意较少运用。应注意的是：当你在常规思维创意上实在是"黔驴技穷"时，不妨在慎思之后，偶尔择用这一手法，也许更能达到出其不意、出奇制胜的效果。比如一家饭店，周围名店林立，各类美好的词汇几乎都已用过，这家饭店打出了"全市最差的厨师，全市最差的菜肴"的广告，结果食客如云。

大凡创造型人才都具有鲜明的个性。个性虽不属于智力和思维，但它与一个人思维品质的形成有着密切的关系。我们很难想象一个没有事业心、思想保守、唯唯诺诺、缺乏主见的人，能够有什么创造。因此也应大力培养学生独特的个性。创造心理学和人才学的研究表明：创造型人才的个性培养主要应包括以下几个方面：①远大的理想和强烈的事业心；②个性的独立性；③意志的坚定性；④一丝不苟的态度。

## 三、创新的思维障碍——定式思维

1. 有笼必有鸟——心理图式

**哲理故事**

一位心理学家曾和乔打赌说："如果给你一个鸟笼，并挂在你房中，那么你就一定会买一只鸟。"

乔同意打赌。因此心理学家就买了一只非常漂亮的瑞士鸟笼给他，乔把鸟笼挂在起居室桌子边。结果大家可想而知，当人们走进来时就问："乔，你的鸟什么时候死了？"乔立刻回答："我从未养过一只鸟。"

"那么，你要一只鸟笼干吗？"乔无法解释。后来，只要有人来乔的房子，就会问同样的问题。乔的心情因此搞得很烦躁,为了不再让人询问,乔干脆买了一只鸟养进了空鸟笼里。

心理学家后来说,去买一只鸟比解释为什么他有一个鸟笼要简便得多。人们经常是首先在自己头脑中挂上鸟笼,最后就不得不在鸟笼中养一只鸟。

2. 狗鱼思维——拒绝变化

 哲理故事

有一种鱼叫作狗鱼。狗鱼很富有攻击性,喜欢攻击一些小鱼。有科学家做了这样一个实验:把狗鱼和小鱼放在同一个玻璃缸里,在两者中间隔上一层透明玻璃。狗鱼一开始就试图攻击小鱼,但是每次都撞在玻璃上。慢慢地,它放弃了攻击。后来,实验人员拿走了中间的玻璃,这时狗鱼仍没有攻击小鱼的行为——这个现象被叫作狗鱼综合征。狗鱼综合征的特点是:对差别视而不见,自以为无所不知,滥用经验,墨守成规,拒绝考虑其他的可能性,缺乏在压力下采取行动的能力。

这个故事告诉我们,思维定式一旦形成,有时是很悲哀的。这也是我们要不断学习新知识、新观念的原因之一:形势在不断变化,必须关注这些变化并调整行为。一成不变的观念将带来毫无生机的局面。

3. 阿西莫夫的智商——惯性思维

所谓惯性思维就是思维沿前一思考路径以线性方式继续延伸,并暂时地封闭了其他的思考方向。

 哲理故事

阿西莫夫是美籍俄国人,世界著名的科普作家。他曾经讲过这样一个关于自己的故事。

阿西莫夫从小就很聪明,年轻时多次参加"智商测试",得分总在160左右,属于"天赋极高"之人。有一次,他遇到了一位汽车修理工,是他的老熟人。修理工对阿西莫夫说:"嗨,博士,我来考考你的智力,出一道思考题,看你能不能正确回答。"阿西莫夫点头同意。修理工便开始出题:"有一位聋哑人,想买几枚钉子,就来到五金商店,对售货员做了这样一个手势:左手食指立在柜台上,右手握拳做出敲击的样子。售货员见状，先给他拿来一把锤子，聋哑人摇摇头。于是售货员明白了，他想买的是钉子。聋哑人买好了钉子，刚走出商店，接着进来一位盲人。这位盲人想要一把剪刀，请问，盲人将会怎么做？"

阿西莫夫顺口答道："盲人肯定会这样。"他伸出食指和中指，作出剪刀的形状。

听了阿西莫夫的回答，汽车修理工开心地笑起来："哈哈，答错了吧！盲人想买剪刀，只需要开口说'我买剪刀'就行了，他干吗要做手势啊？"

阿西莫夫只得承认自己回答得很愚蠢。而那位汽车修理工在问前就认定他肯定答错，因为阿西莫夫"所受的教育太多了，不可能很聪明"。

4. 猴子实验——群体惯性

**哲理故事**

有科学家曾做过这样一个实验：将4只猴子关在一个密闭的房间里，每天喂很少食物，让猴子饿得吱吱叫。数天后，实验者在房间上面的小洞放下一串香蕉时，一只饿得头昏眼花的大猴子一个箭步冲向前，可是当它还没拿到香蕉时，就被预设机关所泼出的热水烫得全身是伤，当后面三只猴子依次爬上去拿香蕉时，一样被热水烫伤。于是猴子们只好望"蕉"兴叹。又过了几天，实验者换进一只新猴子进入房内，当新猴子肚子饿得也想尝试爬上去吃香蕉时，立刻被其他3只猴子制止，并告知有危险，千万不可尝试。实验者再换一只猴子进入，当这只猴子想吃香蕉时，有趣的事情发生了，这次不但剩下的两只老猴制止它，连没被烫过的猴子也极力阻止它。

实验继续，当所有的猴子都已换过之后，仍没有一只猴子敢去碰香蕉。热水机关虽然取消了，而热水浇注的"组织惯性"束缚着进入笼子的每一只猴子，使它们对唾手可得的盘中美餐——香蕉，谁也不敢前去享用。

这就是群体惯性形成的过程。在变化莫测的市场环境中，企业要想赢得竞争优势，就必须学会随着时代的发展变化而迅速调整，否则只能像故事中的猴子那样，在昨天的教训上平白失掉明天的机会。

然而，一些把成功归因于富有竞争力的经营管理模式的企业，面对一切以变化为主题的现实，仍高高在上，丝毫不怀疑让自己成功的经营管理模式的价值和适用性，不思更新，固执地运行在"成功经验"的轨道上。结果，由于一成不变，企业昔日的辉煌渐渐蜕变为组织惯性，成为企业生存道路上的羁绊。

5. 以偏概全——点状思维

在白纸上画一个黑点，而后问：你看到了什么？

答案至少有100种：芝麻、苍蝇、图钉、太阳的黑子、污迹……这些都是常规的联想，有的人的思维就更活跃一些，他可能会回答说：我看到了缺点……我看到了遗憾……我看到了损失……

但是，为什么就没有想到其他的？

为什么你的眼睛仅仅盯住那个黑点？而没有看到黑点旁边那一大片的白纸？而正是这个黑点束缚和禁锢了我们的思维，使我们看不到其余更多的、更好的、更丰富的东西。某些人一件事情没有办好，就垂头丧气——"我真没用，我真窝囊，我是天底下最愚蠢的人。"透过别人不经意的一句话或一件事就给这个人下定义——"他品质有问题。"其实，更重要的是，我们要关注广阔的存在，而不是那个黑点。

### 6. 固执己见——刻板印象

刻板印象指的是人们对某一类人或事物产生的比较固定、概括而笼统的看法，是我们在认识他人时经常出现的一种相当普遍的现象。我们经常听人说的"某某地方的妹子不可交，面如桃花心似刀"，"某某地方的姑娘宁可饿着，也要靓着"，实际上都是"刻板印象"。

刻板印象的形成，主要是由于我们在人际交往过程中，没有时间和精力去和某个群体中的每一成员都进行深入的交往，而只能与其中的一部分成员交往，因此，我们只能"由部分推知全部"，由我们所接触到的部分，去推知这个群体的"全体"。刻板印象固然有省事省力的好处，但不少情况下却会出现耽误大事的判断错误。

### 7. 霍布森选择——封闭思维

**哲理故事**

300多年前英国伦敦的郊区，有一个人叫霍布森。他养了很多马，高马、矮马、花马、斑马、肥马、瘦马都有。他就对来的人说，"你们挑我的马吧，可以选大的、小的、肥的，可以租马也可以买马。你们都可以选呢。"大家非常高兴去选马了，但是整个马圈旁边只有一个很小的洞，很小的门，再选大的马也是出不来的，因为门很小。后来有个获得诺贝尔奖的人叫西蒙，他就把这种现象叫作霍布森选择。

就是说，你的思维你的境界只有这么大，没有打开，没有上层次，思维封闭，结果就是你别无选择。

## 四、激发个人创造力的六种方法

要想真正发挥创新潜能，除了要有敢于尝试与创新的勇气，还必须精心地培育你的创造力。这里罗列的，是许多成功人士常用的方法。

1. 及时记录新想法

人们在工作、生活中，常会出现许多想法，而其中的大部分想法都会因为不合时宜而被人们放弃直至彻底忘却。

其实，在创新领域里，从来就不存在"坏主意"这个词汇。三年前你的某个想法也许不合时宜，而三年后却可以成为一个真正的好主意。更何况，那些看来是怪诞的远非成熟的想法，也许更能激发你的创新意识。

如果你能及时地将自己的想法记录下来，那么，当你需要新主意时，就可以从回顾旧主意着手。而这样做，并不仅仅是为了给旧主意以新的机会，更是一种重新思考、重新整理的过程，在这个过程中，可以轻易地捕捉到新的创新性的思想。

2. 经常提问自己

如果不问许多"为什么"，你就不会产生创新性的见解。为了避免这个常犯的错误，成功者总是透过所有的表面现象去寻找真正的问题。他们从来不把任何事情看作是理所当然的结果；他们也从来不把任何事情看作是水到渠成的过程。那些不明确的、看来似乎是一时冲动之中提出来的问题，往往包含着更多的创新性思维的火花。

3. 经常表达自己的想法

如果你有了想法，不管是什么样的想法，你都应当表达出来。如果是独自一人，你就对自己表达一番；如果你身处群体之中，不妨告诉其他人共同进行探讨。一个人一生中的大多数想法，都被无意识的自我审查所否决。这种无意识的自我审查机制将一切离奇的想法都当作"杂草"，巴不得尽快地加以根除。

循规蹈矩的心境里没有"杂草"，但循规蹈矩的心境也没有创造力。你想要有创造力，就必须照料好每一株"杂草"，把它们当作有潜在经济价值的新作物。把你的不寻常的离奇想法说出来，把它们从头脑中解放出来。一旦它们进入到交流领域之中，便能够免受无意识领域中自我审查机制的摧残。这样做，使你有机会更仔细更充分地去审视、探索和品味，去发现它们真正的实用价值。

4. 永远充满着创新的渴望

满足于现状，就不会渴望创造。没有乐观的期待，或者因为眼前无法实现而不去追求，都会妨碍创造力的发挥。发明家和普通人其实是一样的人，所不同的是，他们总是希望有更好的方法。系鞋带时，他们希望有更简便的方法，于是便想到了用带扣、按扣、橡皮带和磁铁代替鞋带。煮饭时，他们希望省去擦洗锅底的烦恼，于是便有了不粘锅的涂料。所有这一切，都来源于改进现状的愿望。

5. 换一种新的方法来思考

墨守成规不可能产生创新力，也无法使人脱离困境。有人喜欢用比较分析法来思考问题。面临抉择，他总是坐下来将正反两方面的理由写在纸上进行分析比较；也有人习惯于用形象思维法，把没法解决的问题画成图或列成简表。能不能换一种方法去思考，或交替使用各种不同的思考策略呢？试试看。也许，最困难的抉择也会迎刃而解。

 **哲理故事**

### 犹太人的智慧

一个犹太人走进纽约的一家银行，来到贷款部，大模大样地坐下来。"请问先生有什么事情吗？"贷款部经理一边问，一边打量着来人的穿着：豪华的西服、高级皮鞋、昂贵的手表，还有镶宝石的领带夹子。

"我想借些钱。""好啊，你要借多少？""1美元。""只需要1美元？""不错，只借1美元。可以吗？""当然可以，只要有担保，再多点也无妨。""好吧，这些担保可以吗？"犹太人说着，从豪华的皮包里取出一堆股票、国债等等，放在经理的写字台上。"总共50万美元，够了吧？""当然，当然！不过，你真的只要借1美元吗？""是的。"说着，犹太人接过了1美元。"年息为6%。只要您付出6%的利息，一年后归还，我们可以把这些股票还给你。""谢谢。"犹太人说完，就准备离开银行。一直在旁边冷眼观看的分行长，怎么也弄不明白，拥有50万美元的人，怎么会来银行借1美元？他慌慌张张地追上前去，对犹太人说："啊，这位先生……""有什么事情吗？""我实在弄不清楚，你拥有50万美元，为什么只借1美元？要是你想借三四十万美元的话，我们也会很乐意的……""请不必为我操心。只是我来贵行之前，问过了几家银行，他们保险箱的租金都很昂贵。所以嘛，我就准备在贵行寄存这些股票。租金实在太便宜了，一年只需要花6美分。"

 **诗性智慧**

> 贵重物品的寄存按常理应放在金库的保险箱里，对许多人来说，这是唯一的选择。但犹太商人没有困于常理，而是另辟蹊径，找到让证券等锁进银行保险箱的办法。从可靠的角度来看，两者确实是没有多大区别的，除了收费不同。通常情况下，人们是为了借款而抵押，总是希望以尽可能少的抵押争取尽可能多的借款。而银行为了保证贷款的安全或有利，从不肯让借款额接近抵押物的实际价值。所以，一般只有关于借款额上限的规定，其下限根本不用规定，因为这是借款者自己就会管好的问题。能够钻这个"空子"，转换思路思考问题，这就是犹太人在思维方式上的"精明"。善于转换思路思考问题，常能获得更多的成功的机会。

### 6. 有了创新性的想法，一定要努力去实施

有了创新性的想法，如果不去努力实施，再好的想法也会离你而去。想努力去做，却又因为短期内收不到成效而难以持之以恒，你也会与成大事者失之交臂。爱迪生说："天才是1%的灵感加99%的汗水。"这是他的至理名言，也是他的经验之谈。坚持努力，持之以恒，才会如愿以偿。

创新是一个民族进步的灵魂，创新更是一个职业人士必备的技能。一旦你拥有了创新的头脑和能力，你将从此与众不同，在职业道路上一路高歌！

### 归纳总结

1. 如何培养科学思维方式？
2. 常用的科学思维和创新思维方法有哪几种？
3. 创新的思维障碍主要有哪几种？
4. 下图是关于"怎样才能充分利用包含  结构的事物（要求画出）"这一问题的回答，这是一种什么创新思维方式？

### 思考与训练

科学的思维方法有哪些，如何在学习和实践中加强科学思维训练，运用科学思维不断提高创新能力？

# 第三单元习题

## 一、判断题

1. 实践就是人们改造和探索客观世界的一切活动。（    ）
2. 实践对认识的意义不大，认识主要来自书本。（    ）
3. "不登高山，不知天之高也；不临深溪，不知地之厚也"说明了实践是认识的动力。（    ）
4. 把书本上学到的东西当真理用于任何场合，就是犯了教条主义的错误。（    ）
5. "读万卷书，行万里路"说的是既要积极参加社会实践，又要认真学习书本知识。（    ）
6. 感性认识依赖于理性认识，理性认识有待于发展到感性认识。（    ）
7. 认识具有反复性和无限性。（    ）
8. 感性认识容易获得，所以更重要。（    ）
9. 现象是可以为人们的感官直接感知，即感性认识可以把握的。（    ）
10. 理性认识不依赖于感性认识的。（    ）
11. 耳听为虚眼见为实，所以，看到的一定是真实的。（    ）
12. 《三人成虎》的故事教育我们要懂得去伪存真。（    ）
13. 鸭子浮水是一种必然现象。（    ）
14. 天灾人祸是一种偶然事件。（    ）
15. 莫泊桑的《项链》中女主人公"丢项链"看似偶然，其实有必然因素。（    ）
16. 《纸上谈兵》的故事说明了书本知识比实践更重要。（    ）
17. 多听、多看、多思考，细心观察生活，是要获取更多的感性认识。（    ）
18. 《孔子误会了颜回》的故事说明了眼见不一定是真，多给人解释的机会，即要善于去伪存真。（    ）
19. 华佗《对症下药》的故事说明了由此及彼的思维方式的重要性。（    ）
20. 春去夏来、秋尽冬至体现了一种因果关系。（    ）
21. 有因必有果，有果必有因，这也是马克思主义哲学的观点。（    ）
22. 《守株待兔》说明了不能被偶然现象迷惑。（    ）
23. 许多人喜欢走成功人士走过的路，期待着自己能获得与前人一样的荣耀，但走着走着，却发现一切远非愿望中的那样。其实，只有适合自己的路，才是最好的路。这一点说明了真理是有相对性的。（    ）
24. "无风不起浪"说明了有果必有因的哲学原理。（    ）
25. "狗鱼思维"是一种定势思维，它告诉我们形势在不断变化，必须关注这些变化并调整行为。（    ）
26. 司马光砸缸救人时用的就是运用"收敛思维法"。（    ）
27. 发散思维法可以培养思维的灵活性。（    ）

28. "猴子实验"说明了在昨天的教训上有时会平白失掉明天的机会。（    ）
29. 要有循规蹈矩的心境才能有创造力。（    ）
30. 我们常常听到"某某地方的人就是怎么样的"，实际上都是"刻板印象"。（    ）

## 二、选择题

1. "近水知鱼性，近山识鸟音"说明了（    ）。
   A. 实践是认识的动力　　　　　　　B. 实践是认识的目的
   C. 实践是检验认识真理性的标准　　D. 实践是认识的来源
2. 莫泊桑"买踢"说明了（    ）。
   A. 实践是认识的动力　　　　　　　B. 实践是认识的目的
   C. 实践是检验认识真理性的标准　　D. 实践是认识的来源
3. "为中华之崛起而读书"说明了（    ）。
   A. 实践是认识的动力　　　　　　　B. 实践是认识的目的
   C. 实践是检验认识真理性的标准　　D. 实践是认识的来源
4. "会看的看门道，不会看的看热闹"说明了（    ）。
   A. 理性认识和感性认识的区别　　　B. 实践和书本的不同
   C. 理性认识和实践的关系　　　　　D. 人与人的差别
5. 《九方皋识马》体现的是（    ）的科学思维方式。
   A. 去粗取精　　　　　　　　　　　B. 去伪存真
   C. 由此及彼　　　　　　　　　　　D. 由表及里
6. 《邹忌讽齐王纳谏》的故事说明了（    ）思维方式的重要性。
   A. 去粗取精　　　　　　　　　　　B. 去伪存真
   C. 由此及彼　　　　　　　　　　　D. 由表及里
7. 《居维叶为什么不怕怪物？》的故事说明了要有（    ）的思维方式。
   A. 去粗取精　　　　　　　　　　　B. 去伪存真
   C. 由此及彼　　　　　　　　　　　D. 由表及里
8. 中医的"望闻问切"体现的就是（    ）的思维方式。
   A. 去粗取精　　　　　　　　　　　B. 去伪存真
   C. 由此及彼　　　　　　　　　　　D. 由表及里
9. "捡了芝麻，丢了西瓜"违背的就是（    ）的思维方式。
   A. 去粗取精　　　　　　　　　　　B. 去伪存真
   C. 由此及彼　　　　　　　　　　　D. 由表及里
10. "眼见"未必"为实"说的就是（    ）的思维方式。
    A. 去粗取精　　　　　　　　　　　B. 去伪存真
    C. 由此及彼　　　　　　　　　　　D. 由表及里
11. "前事不忘，后事之师"说的就是（    ）的思维方式。
    A. 去粗取精　　　　　　　　　　　B. 去伪存真
    C. 由此及彼　　　　　　　　　　　D. 由表及里

12. "头痛医头，脚痛医脚"违背的是（　　）的思维方式。
    A. 去粗取精　　　　　　　　　　B. 去伪存真
    C. 由此及彼　　　　　　　　　　D. 由表及里
13. "人云亦云"其实就是不懂得（　　）的思维方式。
    A. 去粗取精　　　　　　　　　　B. 去伪存真
    C. 由此及彼　　　　　　　　　　D. 由表及里
14. 我们的认识是否正确必须用（　　）来检验。
    A. 书本知识　　　　　　　　　　B. 伟人的理论
    C. 实践　　　　　　　　　　　　D. 老人言
15. "人们通过判断推理对事物的全体、本质和内部联系的反映"说的是（　　）。
    A. 感性认识　　　　　　　　　　B. 理性认识
    C. 实践　　　　　　　　　　　　D. 书本知识
16. 看小说只关注故事情节，实际上（　　）。
    A. 只掌握了感性认识　　　　　　B. 已经有了理性认识
    C. 已达到认识的目的　　　　　　D. 已相乎当于参加实践
17. 下列说法正确的是（　　）。
    A. 认识的辩证过程就是从感性认识到理性认识
    B. 认识的辩证过程就是从理性认识到实践
    C. 认识的辩证过程就是从感性认识到实践
    D. 认识具有反复性和无限性
18. "有理走遍天下，无理寸步难行"这里的"理"是指（　　）。
    A. 偶然性　　　　　　　　　　　B. 必然性
    C. 原因　　　　　　　　　　　　D. 结果
19. "对于人来说，黄金是贵重的，但驴子宁愿要草料不要黄金"这说明了（　　）。
    A. 真理具有相对性　　　　　　　B. 真理具有绝对性
    C. 事物都有偶然性　　　　　　　D. 事情都有必然性
20. 项羽在乌江自刎前，对自己的部将说："上天要灭我。"你觉得他错在（　　）。
    A. 归因错误　　　　　　　　　　B. 把偶然性当必然性
    C. 没抓住必然性　　　　　　　　D. 不懂得真理具有相对性
21. "吃一堑长一智"，这一"智"有赖于思考，其实就是抓住了某种（　　）。
    A. 必然性　　　　　　　　　　　B. 偶然性
    C. 绝对性　　　　　　　　　　　D. 相对性
22. "真理多走一步，哪怕是向同一方向多走一步，它也会变成荒谬绝伦的东西。"列宁的这句话说明了（　　）。
    A. 真理具有相对性　　　　　　　B. 真理具有绝对性
    C. 真理具有必然性　　　　　　　D. 真理具有偶然性
23. "种瓜得瓜，种豆得豆"体现事物发展的（　　）。
    A. 必然性　　　　　　　　　　　B. 偶然性

C. 绝对性 D. 相对性
24. 商品价格波动体现的是一种（　　）。
    A. 必然性 B. 偶然性
    C. 绝对性 D. 相对性
25. "尽信书不如无书"是因为（　　）。
    A. 真理具有相对性 B. 真理具有绝对性
    C. 真理具有偶然性 D. 真理具有必然性

# 第四单元　认识社会，努力实现人生价值

　　本单元内容让我们在了解社会历史发展的规律性和人的社会本质的基础上，理解理想信念和人的全面发展的作用，及其对实现人生价值的重要意义。指导我们确立正确的人生目标，正确处理好利己与利他、个人与集体的关系，在劳动奉献中实现全面而自由的发展，创造更大的人生价值。

# 第十课 历史规律与人生目标

人类社会发展的历史是曲折漫长的,从茹毛饮血的原始状态发展到今天具有一定物质文明和精神文明的现代社会。社会变革,朝代更替,地球上一个个民族、国家的兴亡盛衰书写着历史的变迁,在风云变幻中,社会历史的发展是有其客观规律的。生产力和生产关系的矛盾、经济基础和上层建筑的矛盾是人类社会的基本矛盾。生产关系一定要适合生产力的状况,上层建筑一定要适合经济基础的状况,是人类历史发展中起作用的基本规律。人类通过各种实践活动不断地解决社会基本矛盾,从而推动社会历史由低级向高级发展。

本课主要从社会发展的基本规律以及社会历史的主体两个方面来帮助大家正确认识社会历史。

## 一、生产力和生产关系的矛盾运动

生产力和生产关系构成生产方式的两个方面,但它们的作用是不一样的,它们的发展变化情况也不一样。其中,直接作用于自然界的生产力是最革命最活跃的因素,它处在不断地发展变革的过程中,在生产力的系统中,通常是生产工具先发生变化,而后其他要素也跟着发生变化。生产关系的具体关系也经常发生变化,但同生产力比较起来,生产关系的系统则是相对稳定的。一种性质的生产关系一经形成,就在一定的历史时期表现为相对固定的形式。

生产力的基本构成要素包括劳动者、劳动对象、劳动资料。在现代生产活动中,生产力的构成要素比较复杂,除了基本要素外,还包括教育、管理、科技等要素。

在生产力的构成要素中,特别要强调科学技术的重要性。因为在现代生产活动中,科学技术已经成为生产力构成要素中的决定性要素,科学技术的最新成就改变了人们的生产方式,也改变了人们的生活方式。因此,我国改革开放的总设计师邓小平首先指出"科学技术是第一生产力",这一论断反映了当今时代的特征。

### 1. 生产力决定生产关系

生产力的状况决定生产关系的性质,有什么样的生产力就决定或者要求有什么样的生产关系;生产力发展决定生产关系的变革,生产力的发展变化,决定着生产关系的发展变化。

 **哲理故事**

---

不幸的皮尔先生

英国有个皮尔先生购置了 5 万英镑生活资料和生产资料,打算到澳大利亚的斯旺河一带去创办工厂。他还非常有远见地带去了3000名男工、女工和童工。可是，他没有料到，英国工人一到地广人稀、物产丰富极易生存的澳洲，就跑得无影无踪，结果连一个替他铺床或到河边打水的仆人都没有了。马克思因此打趣地写道："不幸的皮尔先生，他什么都预见到了，就是忘了把英国的生产关系输出到斯旺河去。"

——《马克思恩格斯全集》

**诗性智慧**

> 生产力的第二大要素是劳动资料，它除了生产工具外，还包括生产设备和条件。澳洲虽物产丰富，但各种生产设备包括为工人提供的生活设备不可能和英国一样好，这也是生产力低下的表现。由于该生产力低下，工人逃散，就无法在澳洲工厂形成像英国手工工场一样的生产关系。

## 2. 生产关系对生产力也有反作用

生产关系基本适合生产力状况时，它会促进生产力的发展；生产关系不适合生产力状况时，它就会阻碍甚至破坏生产力的发展。衡量一种生产关系是否适合生产力，主要是看它能否使生产力各种要素充分发挥作用。有人把生产力和生产关系之间的关系比喻为脚和鞋的关系。如下图：

生产关系必须适应生产力发展的规律：生产力决定生产关系，生产关系对生产力有反作用，生产关系与生产力之间有着由基本适合到基本不适合再到新的基本适合的矛盾运动。

## 二、经济基础和上层建筑的矛盾运动

经济基础是指同生产力发展的一定阶段相适应的占统治地位的生产关系的总和。上层建筑是指建立在经济基础之上的政治法律制度和设施，以及与之相适应的意识形态。

### 1. 经济基础对上层建筑的决定作用

经济基础决定上层建筑的产生，经济基础决定上层建筑的性质，经济基础决定上层建筑的变化发展。如我国是公有制为基础的社会主义国家，决定了我国实行人民民主专政的国家制度，我们的意识形态是社会主义的。我国西汉历史学家司马迁有句名言"仓廪实而知礼节，衣食足而知荣辱"，这句话说明了物质是精神的基础，社会经济的发展决定着文化的发展水平。一个国家或地区的经济越发达，人民的综合素质往往就越高。而在那些环境肮脏、卫生条件极差的贫民窟，人们生活困难，小孩子无法接受良好的教育，因此这些地方犯罪猖獗，成为卖淫和吸毒的高发区。

人们首先必须吃、喝、住、穿，然后才能从事政治、科学、艺术、宗教等。

——恩格斯

**哲理故事**

### 一个人的打赌

德国哲学家叔本华（1788—1860）某年住在法兰克福的旅馆出租套房里。紧靠旅馆有一家小饭馆，他常去那里吃饭，那也是英国军事人员常去的地方。一个饭店侍从目睹了一件有趣的事：每次饭前，叔本华总要把一枚金币放在自己面前的桌上，饭后又把金币收回自己的口袋里。有一天，这位侍从忍不住问这位哲学家他在干什么。叔本华解释说：他每天在心里与那些军官们打赌，只要他们哪天除了马呀、狗呀、女人呀之外还能谈点别的话题，他就把金币放进教堂的功德箱去。

**哲理故事**

### 以雪为题的咏诗

一个冬天，天上正下着鹅毛大雪。地主王某请同村的一个秀才和卖木炭的老板来家里喝酒。他们以雪为题咏诗，以助酒兴。秀才平日除读书外，便是游玩赏景。他见屋外大雪纷飞，便顺口说了一句："大雪纷纷落地。"王某想起"瑞雪兆丰年"的古语，心想来年一定收成不错，自家可以得到更多的地租，这真是老天赐给自己的福气。于是他就续上一句："乃是王家瑞气。"卖木炭的老板心想，雪下得越大越久，天气越冷，买木炭的人就越多，木炭的价格越高，自己就可以赚更多的钱。于是他就说了第三句："下它三天何妨。"这时门口正站着一个衣衫褴褛、冻得发抖的乞丐，听了这三人的话之后，不禁怒气大发，立即接了第四句："纯粹胡说八道！"

## 名言

"穷人绝无开交易所折本的懊恼,煤油大王哪会知道北方捡煤渣老婆子身受的辛酸,灾区的饥民,大约总不去种兰花,像阔人老太爷一样,贾府的焦大,也不爱林妹妹的……"

——鲁迅

### 诗性智慧

这两个故事说明,社会意识的内容来源于社会存在。人们的社会意识既不是天上掉下来的,也不是人们头脑里主观生成的,而是在实践的基础上对社会存在的反映。人们在社会中的经济地位不同,思想意识不同,对同一事物就会产生不同的看法。

### 2. 上层建筑对经济基础的反作用

上层建筑在经济基础上产生,同时反过来积极为经济基础服务,帮助经济基础的形成、巩固和发展。如中国共产党以马克思列宁主义、毛泽东思想、邓小平理论和"三个代表"重要思想作为自己的行动指南,这是新时期党的指导思想,只有在这些思想的指引下,我们国家的社会主义经济基础才能坚如磐石,才能得到不断的巩固和发展。

上层建筑中的社会意识对社会存在的反作用,必须通过人民群众的实践活动。先进的社会意识一旦被人民群众所掌握,用于指导群众的实践,变成群众的自觉活动,就会变成改造世界、推动社会前进的巨大物质力量。落后的社会意识也要通过束缚群众的思想,腐蚀群众的意志,使群众采取错误的行动,从而阻碍社会的发展。

### 延伸阅读

#### 《陈奂生上城》简介

小说《陈奂生上城》通过主人公上城的一段奇遇,生动地刻画出处于社会变革时期的农民,虽然背负着历史因袭的重负而步履维艰,却终于迈出了走向新生活的第一步,从而形象地概括了农村现实生活发生的可喜变化,农村经济政策的调整给广大农民带来实实在在的好处。作品中的陈奂生已经摘掉"漏斗户主"的帽子,"屯里有米,橱里有衣",抽空还可以进城卖农副产品。随着物质生活的改善,他开始渴望过精神生活,希望提高自己在人们心目中的地位,于是总想能"碰到一件大家都不曾经过的事情"。这事终于在他上城时"碰"上了:因偶感风寒而坐了县委吴书记的汽车，住上了招待所5元钱一夜的高级房间。在心痛和"报复"之余，"忽然心里一亮"，觉得今后"总算有点自豪的东西可以讲讲了"，于是"精神陡增，顿时好像高大了许多"。这种陈奂生式的精神满足与鲁迅笔下的阿Q似乎有着血缘关系，我们只能带着"含泪的微笑"来看待这一人物的这段奇遇。正如作者本人所说："我写《陈奂生上城》，我的情绪轻快而又沉重，高兴而又慨叹。我轻快、我高兴的是，我们的情况改善了，我们前进了；我沉重、我慨叹的是，无论是陈奂生们或我自己，都还没有从因袭的重负中解脱出来。这篇小说，解剖了陈奂生也解剖了我自己，希望借此来提高陈奂生和我的认识水平、觉悟程度，求得长进。"这段肺腑之言，正是作品的题旨所在，反映了作者对陈奂生们的精神世界的严肃探索和对我国农民命运的深沉思考。

**诗性智慧**

> 仅仅是高度发展的物质文明并不等于社会主义。社会主义还必须有高度发展的精神文明。社会主义精神文明是社会主义社会的一个重要特征，没有这个特征，就不称其为社会主义。加强社会主义精神文明建设是全社会的事，也是每个社会成员的事。特别是广大青少年学生，也要自觉投入到社会主义精神文明建设中去，从我做起，从现在做起，不仅要努力学好各门科学文化知识，提高自己的科学文化素质，而且要学习社会主义思想理论，树立爱国主义、社会主义和集体主义精神，形成良好的道德品质，只有这样才能成为社会主义现代化建设所需要的人。

3. 小结

生产力和生产关系的矛盾、经济基础和上层建筑的矛盾，是贯穿人类社会始终的基本矛盾。生产关系一定要适合生产力状况的规律，上层建筑一定要适合经济基础状况的规律，是在人类社会中都起作用的普遍规律，这一规律的发现，使关于社会历史的理论第一次真正成为科学。

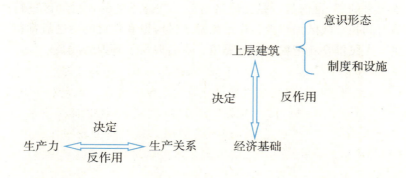

## 三、人民群众是历史的创造者

### 1. 人民群众是社会财富和先进生产力的创造者

劳动人民是社会物质财富的创造者,历代的劳动群众以自己的辛勤劳动创造了巨大的社会财富。他们在生产实践中积累经验,改进生产工具,不断提高生产力的水平。中华民族的木工祖师爷鲁班是一名手艺高超的木工;宋末元初著名的棉纺织家、技术改革家黄道婆是个平凡的劳动妇女;当代"杂交水稻之父"袁隆平原来是湖南省安江农业学校的一名普通教师,后专注于研究杂交水稻,杂交水稻的成功培育使水稻的产量大幅度增产,为他赢得了巨大的成功和声誉。他们是人民群众中的普通一员,但都用自己的聪明才智改进技术,大大改善了人们的生活。

民如水,君如舟,水可载舟,亦可覆舟。
——魏征

### 2. 人民群众是社会精神财富和先进文化的创造者

人民群众创造了光辉灿烂的文化,闻名于世的万里长城是我国古代千万个民工用自己的血汗和生命建筑起来的;二胡名曲《二泉映月》的创作者是民间艺人"瞎子阿炳";北京首都的故宫建筑群宏大壮美,这些无与伦比的建筑杰作凝聚着无数不知名的工匠的心血。历史上著名的诗人、作家、画家,除了个人的才华外,他们创作上的成功都无一不在人民群众那里吸取了养分。我国著名的古代诗歌集《诗经》、古典小说《水浒传》《三国演义》《西游记》,都是在民间口头文学的基础上,由作家整理加工而成的。

### 3. 人民群众是变革社会制度和制度创新的决定力量

中国有句名言"得民心者得天下",社会制度的变革和创新如果有利于人民,就会获得人民群众的支持,这种力量可以撼天动地。如我国解放战争三大战役之一的淮海战役的胜利离不开人民群众的支持。陈毅元帅曾动情地说过:"淮海战役的胜利是人民群众用小推车推出来的。"淮海战役是在经济落后、交通不便的农村地区进行的,战役规模空前,作战时间长,战区面积大,军用物资的供应量和伤员的运送量都很大,但是解放军打到哪里,人民群众就把粮食推到哪里,最后取得了辉煌的战果。

 延伸阅读

### 《药》的主题思想

鲁迅的作品《药》，该小说讲述了茶馆主人华老栓夫妇为儿子小栓买人血馒头治病的故事，刻画出群众的愚昧和革命者的悲哀。小说通过这两方面的悲剧，批判了资产阶级旧民主主义革命者脱离群众，革命不彻底的错误，指出革命不能脱离群众，必须启发群众觉悟，才能进行彻底的反帝反封建的斗争。

## 四、如何正确看待普通个人的历史作用

### 1. 实现人生目标必须符合历史规律

"世界潮流，浩浩荡荡，顺之则昌，逆之则亡。"这是著名的国父孙中山在1916年9月到海宁盐官观看钱塘江大潮，回到上海后写下的千古名言。孙中山之所以受到人民的爱戴，是因为他的一生顺应了历史的发展潮流，始终踏着时代的鼓点前进，与时俱进，建立了不朽的功勋。我们每个人也一样，树立的人生目标必须符合历史规律，顺应历史潮流，如果个人的目标与历史潮流相逆，只会加速灭亡。如历史上的"袁世凯复辟"，在民主观念已经深入人心的时代，袁世凯还推行帝制，仅仅经历了83天，就被迫取消帝制，不久就在万人的唾骂声中狼狈地死去。

今天，我们生长在中华盛世，实现中华民族的伟大复兴是我们这个时代的梦想和追求，每个有理想、有抱负的青少年，都应自觉地把个人的目标融入这个时代的潮流中，把"个人梦"和"中国梦"结合起来，为国家的富强和民族的振兴贡献自己的力量。

### 2. 做一个敬业守法的好公民

 延伸阅读

苏联切尔诺贝利核电站核泄漏事故：1986年4月26日，由于几个普通工作人员的操作失误，导致了苏联切尔诺贝利核电站核泄漏事故的发生。该事故造成了30多人死亡，原因主要是被烧伤、伤口放射性污染等，事故还使在现场的200多人成为急性放射性烧伤患者。这只是事故刚开始所造成的损害，更为严重的后果还在后头。世界能源情报机构1986年发表的一份报告称，切尔诺贝利核事故将使11.5万人患癌症进而可能导致死亡，并引起全世界范围内生态环境的恶化。

**思考**

让自己成为一个敬业守法的良民的社会意义何在？

 **总结归纳**

分析下列句子具有较大影响力的原因。

1. 科学技术是第一生产力。
2. 发展才是硬道理。
3. 科教兴国。
4. 水可载舟，亦可覆舟。

 **思考与训练**

1. 如果你是企业老板，你在制定企业规章制度的时候，是不是要根据企业的生产力状况来制定？
2. 如果你是企业老板，你认为要从哪些方面入手改进生产？
3. 请上网搜索有关因个人行为的不当而造成国家、社会重大损失的案例。

# 第十一课　理想信念的作用及其实现

现任中国残联主席张海迪，幼年因为一场严重的疾病导致胸部以下失去知觉，造成高位截瘫，1991年又做了癌症手术。在残酷的命运面前，她没有沮丧、沉沦。她没有上过一天学，却以惊人的毅力自学完中小学和大学的课程，获得硕士学位。她还自学了英语、日语、德语和世界语，翻译了大量的小说和资料。至今，她仍然在顽强地同病魔抗争，为社会做出贡献。她说："虽然我不能像正常人一样站着或是走路，但我要像正常人一样，有一个伟大的理想，并向着这个理想而努力奋斗。"

张海迪的成长及其"海迪精神"启示我们，实现理想的道路从来都不是一帆风顺的，需要我们有坚定的信念、坚强的意志、强烈的责任心和勇于担当的精神。

## 一、理想信念

### 1. 理想信念的含义

理想是人们在实践中形成的对未来社会和自身发展的向往与追求，是人们的世界观、人生观和价值观在奋斗目标上的集中体现。

> 理想就是正当的希望。每个人在一生中有很多的希望，而崇高的理想则是我们正当的希望。希望，可以指示我们达到目标。"哀莫大于心死"，人生最悲哀的事就是没有希望，没有希望的人生前途一片灰色。
> 
> ——星云大师

 **延伸阅读**

### 我要上学！

这女孩叫苏明娟。1983年，苏明娟出生在安徽金寨县桃岭乡张湾村一个普通的农家。父母靠打鱼、养蚕、养猪和种田、种板栗为生，一家人过着辛劳拮据、简朴的乡村生活。

1991年5月，7岁的苏明娟是张湾小学的一年级学生，中国青年报摄影记者解海龙到金寨县采访拍下了希望工程《我要上学》的照片。你们看：她那双大眼睛是那样的明亮，那样的专注；她那双大眼睛闪烁着光芒，充满着忧郁。

信念是人们在追求理想中表现出来的孜孜以求、不懈奋斗的意志力。信念是认识事物的基点和评判事物的标准。

信念是"事情应该是怎样的"或者"事情就是这样的"主观判断，比如佛教徒认为"善有善报恶有恶报"就是一种信念。信念是我们认为维系世界运行的法则，是解释和支持行动或没有行动的理由，是解释和支持变化或没有变化的理由。

 **诗性智慧**

> 对很多人来说，信念也就等于真理——事情本来就应该是这样的。所以，对信念的拥有者来说，信念是绝对的，这就是很多人迷惘和困扰的来源。信念是本人认为世事应该是这样的，但并不能说真理便一定是这样。能够把主观信念和客观真理分开并认为它们是两回事，是一个人达到一定智慧水平的象征。

一个人的信念从何而来？我们可以通过下面几种方法得到：

第一，通过学习而来。小时候被水淹过，知道水可能会淹死人。

第二，通过观察而来。小时候观察到调皮的小孩被老师惩罚，知道不可以这样，否则可能被"修理"。

第三，重要人物的灌输。

第四，通过思考而来。因身材矮小被异性拒绝，明白原因后在其他方面建立优势。

 **名言**

人贵有自尊之心，自立之举，自强之志。立志而圣则圣，立志而贤则贤。志不立，天下无可成之事。

——王夫之

如果一个人不知道他要驶向哪个码头，那么任何风都不会是顺风。

——塞涅卡

走得最慢的人，只要他不丧失目标，也比漫无目的地徘徊的人走得快。

——莱辛

2. 人生需要理想信念

 **思考**

人生是否一定需要理想信念？

 **延伸阅读**

"人需要目标吗？"在早些时候的一个调查中，76%的人认为需要，24%的人认为"无所谓"，"不需要"。认为需要的人群中，相当一部分人认为人生需要一个理想但并不重要。

另一个长达20年的追踪调查：研究人员向参与调查的学生们问："你们有目标吗？"有10%的学生确认他们有目标，4%的学生曾把自己的目标写下来了。20年之后，那4%把目标写下来的学生都在自己的行业中做出了巨大的贡献，而那些没有写下自己目标的人在为这4%的人服务。

### （1）生活需要理想信念支撑

在现实生活中，当人们遇到特殊困难或重大打击，有时甚至陷入绝望境地的时候，如果没有一种力量支撑自己，人就会垮下来，而理想信念正是在这样的地方和时候起着精神支柱的作用，支撑人们的精神和意志，不为巨大的困难所压倒，而且使人在困难和逆境中振作起来战胜艰难险阻。

 **哲理故事**

#### 最后一片叶子

珍妮得了绝症，医生确诊她不会再活过一年。由于病体动不动就钻心地疼痛，家人不得不把她送到医院度过余生。

春天过去了，夏天也过去了，秋天静悄悄地来临了。看着窗前那棵树的叶子渐渐由绿变黄，进而一片片凋落，珍妮的心也越来越绝望。"当树上的叶子全落光时，就是我死去的时候了。"她这样自言自语着。不想这句话正好被一个从窗前走过的画家听到了。画家决心尽自己所能拯救这个小女孩。于是他便画了一片栩栩如生的绿叶，趁珍妮熟睡时挂在了那棵树的最顶端。

一个月过去了，病入膏肓的珍妮已经起不来了。她躺在小小的病床上，眼睛一直盯着窗前那棵树，感觉生命力正从自己的肉体里一丝丝地溜走，就像树上的叶子越落越少。"等到那片叶子也落了的时候，我就闭上眼睛，永远不再醒来。"珍妮盯着最顶端的那片绿叶对自己说。

接下来的日子，那片绿叶就成了承载珍妮生命希望的唯一载体。每天早晨，她睁开眼睛后的第一件事就是看那片叶子有什么变化。可是真奇怪，所有的叶子都落光了，那片叶子还是那么绿，那么坚定地站在枝头，一点也没有变黄凋零的迹象。

"难道……难道上帝知道我是个好孩子，所以不想让我死？"珍妮这样想着，眼睛里便闪出了一丝希望之光。

寒冷的冬天终于过去了，像那片永不凋零的叶子一样，珍妮奇迹般地活了下来，并最终健康地走出了医院。

你认为是什么让珍妮活了下来？

饱食、暖衣、逸居而无教，则近于禽兽。

——孟子

一个人在他的生命盛年，只知道吃吃睡睡，她还算什么东西，简直不过是一头牲畜。

——莎士比亚

### （2）理想信念为人生指明奋斗方向

一个人如果没有目标方向，不仅可能一事无成，而且也可能使人陷入迷途，进而导致对人生的意义产生疑问，而解决人生目的和奋斗目标的问题，最根本就是要靠理想信念。理想信念的一个主要作用，就是能够向人生提供目的和意义，向人生指明追求的目标和前进的方向。它一旦确立，就可以使人精神振奋，在复杂的人生境遇中透过迷雾看到曙光，永不迷失前进的方向。

这个世界没有任何东西能够使你倒下，如果你的信念还站着的话。

——罗杰·罗尔斯

**哲理故事**

#### 从信念里走出来的州长

生长在声名狼藉的贫民窟黑人家的孩子，而且正值美国嬉皮士流行的时代，如果没有特殊情况很难出人头地，可是罗杰·罗尔斯却成了州长。这个令人惊讶的结果缘于什么呢？就是"信念"两个字。"信念"两个字看似简简单单，其实蕴涵着深刻的道理，它可以产生神奇的力量。在下面的故事中，信念改变罗杰·罗尔斯的命运。同学们，让我们树立坚定的信念，向理想高峰冲刺，你也可以成为一位"州长"。

他把信念作为自己的一面旗帜：罗杰·罗尔斯是纽约州历史上第一位黑人州长，他出生在纽约声名狼藉的大沙头贫民窟。在那里出生的孩子，长大后很少有人从事较体面的职业。

然而，罗杰·罗尔斯是个例外，他不仅考入了大学，而且还当上了州长。在他就职的记者招待会上，罗尔斯对自己的奋斗史只字不提，他仅说了一个非常陌生的名字——皮尔·保罗。后来人们才知道，皮尔·保罗是罗尔斯小学时代的一位校长。

1961年，皮尔·保罗被聘为诺必塔小学的董事兼校长。当时正值美国嬉皮士流行的时代。他走进大沙头诺必塔小学的时候，发现学校的穷孩子比"迷惘的一代"还要无所事事。他们旷课、斗殴，甚至砸烂教室的黑板。当罗尔斯从窗台上跳下，做着怪样，伸着小手走向讲台时，皮尔·保罗说，我一看你修长的小拇指就知道，将来你一定是纽约州的州长。当时，罗尔斯大吃一惊，因为长这么大，只有他奶奶让他振奋过一次，说他可以成为5吨重的小船的船长。这一次皮尔·保罗先生竟说他可以成为纽约州州长，着实出乎他的意料，他记下了这句话，并且相信了它。从那天起，纽约州州长就像一面旗帜，牢牢地树立在了他的心里。他的衣服不再沾满泥土，他说话时也不再夹杂污言秽语，他开始挺直腰杆走路，他成了班主席。在以后的40多年间，他没有一天不按州长的身份要求自己。51岁那年，他真的成了州长。

在就职演说中，罗尔斯说："相信值多少钱？信念是不值钱的，它有时甚至是一个善意的欺骗，然而你一旦坚持下去，他就会迅速升值。"

### 3. 正确处理社会理想和个人理想的关系

社会理想是人们对未来美好社会制度的向往和追求。各个时代的人都会提出自己的社会理想，而社会的发展进步也是一代又一代人不断提出社会理想并为之奋斗的结果。现阶段我国各族人民的共同理想，是实现中华民族伟大复兴。

个人理想是指个人在物质生活、精神生活、道德情操和职业等方面的追求和向往。由于每个人所处的社会历史条件、工作生活环境以及个人经历、年龄和兴趣爱好等不同，其奋斗目标也有层次的差异。

个人理想和社会理想是辩证统一的。一方面，社会理想决定和制约着个人理想，个人理想以社会理想为导向。社会理想是个人理想实现的条件，违背社会理想的个人理想很难实现。因为人是社会的人，任何个人都不能脱离社会而存在，正确的个人理想不能按照个人的主观愿望随意决定，个人理想的实现除了主观努力外，更多地取决于他所处的社会环境、时代条件，从根本上讲，个人理想是由社会理想决定的。另一方面，社会理想以个人理想为基础，个人理想体现着社会理想。社会理想不排斥个人理想，社会理想的实现，要靠社会成员当中每个个体的努力奋斗。

**（1）什么是"中国梦"**

实现中华民族伟大复兴，就是近代以来中国人民最伟大的梦想，我们称之为"中国梦"。其基本内涵是实现国家富强、民族振兴、人民幸福。

"中国梦"归根到底是人民的梦，必须紧紧依靠人民来实现，必须不断为人民造福。人民之梦当然就是每个中国人的梦，所以，"中国梦"是民族的梦，也是每个中国人的梦。"中国梦"包含个人梦，有国才有家，个人梦包含着"中国梦"，有家才有国，而在中国梦与个人梦之间，个人梦要以"中国梦"为基础，要在投身"中国梦"的伟大实践中实现个人梦。

我们的奋斗目标是，到2020年国内生产总值和城乡居民人均收入在2010年的基础上翻一番，全面建成小康社会；到21世纪中叶建成富强民主文明和谐的社会主义现代化国家，实现中华民族伟大复兴的"中国梦"。

### (2) 什么是个人梦

个人梦，是最接地气的希望，是内心小小的企盼。每个人因环境、家庭、学历等的不同，对生活的渴望也大相径庭。但是对美好事物的向往和追逐是不变的。为人父母的梦想是孩子健康成长、学业有成；耄耋老人的梦想是老有所养、子孙贤孝；打工族的梦想是买车、买房、生活稳定；企业家的梦想是世界经济向好、利润率稳步增长。这一个个的梦想看似独立，毫不依存，其实却都需要一个大的前提和实现的平台，即国家繁荣富强、社会安定团结，人民才能在这片热土上安居乐业，个人梦才能实现。而每个人的价值大小、成就高低取决于国家的兴亡盛衰，个人梦和"中国梦"也是息息相关、密不可分的。

### (3) 中国梦和个人梦的关系

个人梦是建立在"中国梦"基础上的梦，个人梦和国家梦有内在联系，这就是个人的奋斗离不开国家，离不开国家梦的实现。国家好，民族好，个人才能好。"中国梦"是个人梦想的坚实承载，是个人梦存在和实现的前提。"中国梦"的实现，特别是中华民族伟大复兴的实现，又有赖于每一个人最大限度地把自己的聪明才智和创造力发挥出来。个人的命运与祖国的命运密切相连，个人的机会与社会的进步密切相关。

"中国梦"是个人梦的升华，正因为有了无数个渺小的个人梦汇聚在一起，才有了伟大的"中国梦"！个人梦是"中国梦"的坚实依托。"中国梦"从来都不抽象，它是你事业有成的梦，它是我家庭美满的梦，它是老人老有所养的梦，它是孩子学有所教的梦。"中国梦"，因汇聚了人民对美好生活的向往而格外生动，因凝结着每个人对人生出彩机会的渴望而分外鲜活。

既然是梦想，那么，它就不应该是空谈，它应该是可以实现的，可一步步具体操作的。为此我们必须付出努力，付出忘我奋斗的精神，付出承担失败的勇气，努力实现个人梦，以完善伟大的"中国梦"！每个人都有自己的梦想，都期待着梦想实现的那一天，当我们的个人梦一个个实现时，"中国梦"，也就不远了！

## 延伸阅读

"互联网不是消灭谁"。马云说：我觉得阿里巴巴有今天其实10年以前我们做了很大的判断，互联网不是消灭谁，而是完善谁。如果你想去消灭谁的话，您一定会倒霉。有人说你说得轻松，淘宝把那些零散商全给消灭掉，把渠道全给消掉了，这是一个竞争规律，一代一定胜过一代。北京的黄包车拉得很好，突然来了汽车，大家团结起来把汽车砸了没有用，这是时代变革，做任何事不是因为我恨你，而是我做正确的事情。我们永远以公益的心态、商业的手法去做事，而不是以商业的心态、公益的手法来做事，否则只会越走越乱。我们今天看见很多企业说，一没有对错，做了很多事同时拿出钱做公益，我觉得我们今天应该真正思考，以社会公益时代完善这个社会，这是我们的职责，是利用今天我们这么多员工、这么多资源、那么多社会对我们的信任去完善它。

可以看出，在任何领域取得最高成就的人，都一定热爱他们所做的，并且工作的目的是利他人利社会的，而绝非为了任务或利益。你对工作的热爱，对他人、对社会的热爱，会驱使你追求完美，你如果只是为了自身的利益，就很难做得好。

思考

1. 我想成为什么样的人？
2. 我想做什么事？

延伸阅读

寻找理想的心灵感应法：

第一步：闭上眼睛，把最先浮现在脑海里的理想记录下来，这是因为，不经过思考的答案往往是最真诚的答案。

第二步：回顾过去，在所有你最快乐、最有成就感的时光里，是否存在某些共同点？那些共同点很可能最能激励你的人生目标了。

第三步：想象一下，15年后，当你达到完美的人生状态时，你将会处在何种环境下？从事什么工作？其中最快乐的事情是什么？

第四步：如果你只剩下6个月的生命，你最想做什么？如果你永远不必担心金钱的多少，那么，你最想做的事情是什么？

第五步：幻想一下5年后达到理想状态的你——在哪里？在做什么？和谁在一起？

第六步：假设你过完了理想的、无悔的一生，已经与世长辞。有三个人来参加你的葬礼，并在葬礼上对你大加赞许。如果这三个人中一个是你的家人，一个是单位的同事，另一个是社会上的朋友。那么，你认为他们会是谁？他们会对你的一生如何评价？回答这个问题时，一定要抛开世俗的观念，抛开竞争的心态，抛开一元化的成功。问题的答案不必给任何人看，但一定要真诚。

我们在制定自己的人生目标时，只要按照上面六个步骤做一遍，你多半已经找到自己真正的理想和人生目标了。当然，找到后不妨多和亲友谈谈，听听他们的意见，分享自己的理想。制定人生目标时，要回答两个最为根本的问题：我想成为什么样的人？我想做什么事？

## 二、理想信念的实现

### 1. 实现理想信念必须立足于现实，从点滴做起

理想源于现实，现实是理想的基础。任何理想都是一定社会历史条件和社会经济关

系的产物，不可能脱离当时的客观条件。理想离开了现实就会成为无源之水、无本之木。但理想不等于现实，由于人们不满足于现实，才产生了理想，才为美好的未来而奋斗。理想是现实发展的方向，是比现实更高远、更美好的目标。

实现理想必须立足于现实，踏实肯干。人生理想的实现终究是要通过自己所从事的事业展现出来，这就要求我们充分发挥主观能动性，全面提高个人素质，脚踏实地做好本职工作。

实现理想必须从点滴做起，要有坚韧不拔的意志。任何美好理想的实现，都是由无数平凡、琐碎的具体努力积累和发展起来的。平凡的工作，正是向理想靠近的阶梯。每一个有志青年都应该从眼前做起，从平凡做起，充分施展自己的才华，一步一步达到理想境界。同时，理想的实现不可能一帆风顺的，而是一个曲折迂回的过程。缺乏坚韧意志的人往往容易对已经确立的理想发生动摇，或缺乏使之实现的信心和决心，因而无法使正确的理想化为实践活动。只有那些在达到目标的过程中面对阻碍全力拼搏的人，才有可能顺利到达理想的彼岸。

2. 实现理想信念需要坚强的意志

坚强的意志、坚定的信念是一种重要的心理品质，是坚定人生目标的保证，是克服困难、迎接挑战的必要条件，是实现理想、获得成功的重要保证。

## 延伸阅读

### 理想信念的实现是一个过程

司马迁写《史记》用了30年；

居里夫人从堆积如山的沥青中只提炼出0.1克镭；

王选研制汉字激光排版系统，18年里没有节假日；

摩尔根写《古代社会》花了40年；

歌德写《浮士德》花了60年；

哥白尼写《天体运行论》花了36年；

徐霞客写《徐霞客游记》花了34年；

列夫·托尔斯泰写《战争与和平》花了37年。

理想信念变成现实是一个过程。一般来说，一个理想目标越小越低，它的实现所需要的时间和努力就越少；而理想越是高远，它的实现就越需要更长的时间更多的奋斗。但是，即使是那些比较容易实现的理想，也不是在一个早晨就能够变成现实的，期望自己一觉醒来就发现理想已经实现，这种便宜事是不可能出现的。通常，我们对实现理想所需要的时间和付出的代价估计往往偏少，换句话说，我们总是把理想的实现想得更容易一些，特别是比较高远的理想。当我们十分热切地期待着它实现的时候，它却并不如我们所想象和期望的那样迅速到来。理想信念的实现过程，是对我们的耐心和信心的考验，对此，必须做好充分的思想准备。

3. 正确对待实现理想过程中的顺境与逆境

**延伸阅读**

洪战辉兄妹

2005年"感动中国"获奖者——洪战辉：湖南怀化学院的一名在读大学生，在11岁那年家庭突发重大变故：父亲疯了，亲妹妹死了，父亲又捡回一个遗弃女婴，母亲和弟弟后来也相继离家出走。洪战辉稚嫩的肩膀过早地压上了生活的重担。

从读高中时，洪战辉就把这个和自己并没有血缘关系的妹妹带在身边，一边读书一边照顾年幼的妹妹，靠做点小生意和打零工来维持生活，并把妹妹带到自己上大学的异地他乡上学，如今已经照顾妹妹整整12年！

理想的追求和实现是一个过程。这个过程中会遇到各种困难和艰苦环境，不可避免地会吃苦头。尽管不同的理想实现的困难程度有所不同，但总的来说，任何一种理想的实现都不是轻而易举的，因为理想不是现实状态的简单延续，而是要对自我和现实做出较大的改变才能实现，而这种改变必然会遇到各种阻碍和困难，其中有的属于客观条件方面，有的则属于主观条件方面。正因为如此，理想的实现才显得特别可贵。

面对困难和艰苦的环境，我们要有"不达目的不罢休"的志气，"明知征途海浪险，偏向风波江上行"的勇气，"风流肯落他人后，气岸遥凌豪士情"的霸气和"只要思想不滑坡，办法总比困难多"的锐气，信心满怀，咬定青山，百折不挠。

4. 加强修养，承担起社会责任

实现国家富强、民族复兴、人们幸福的"中国梦"，离不开青年的实干，离不了青年的创造力，更离不了青年的责任担当。青年人在追求理想的征程中，要有强烈的社会责任感。

人生要有强烈的社会责任感。社会由个人组成，个人离不开社会，个人的发展离不开社会，个人应对社会履行责任，社会的发展离不开每个人对社会的责任。承担社会责任是作为公民应尽的义务。一个人的人生价值不仅取决于个人的发展，更重要的是他为社会和他人尽了自己的责任，做出了应有的贡献。

### 延伸阅读

杭州司机吴斌，在生命的最后一分钟，以超出常人想象的毅力，把大巴靠边停稳，拉住手刹，亮起双闪，打开车门，甚至还叮嘱乘客"别乱跑"……支撑他的是内化到血液中的意识：司机的职责，就是把乘客安全及时送到目的地。吴斌的英雄壮举不是偶然的，他生前十多年安全行驶百万公里，从未发生违章，从未有过乘客投诉。

平凡的司机，感人的故事，告诉我们一个简单的道理：无论从事什么工作，都要认真履行职责。

### 情景体验

1. 当你完成了值周任务时，你觉得快乐吗？你的快乐源于你做了一件对他人有意义的事情，还是因为完成了任务得到操行分？
2. 你有为社会做一些力所能及的贡献的愿望吗？一件事情确实对他人、对社会有利，但它对你来讲可做可不做，你有没有去做的行动力？
3. 你认为在平凡的岗位上能实现人生理想吗？有人说，做好小事是做大事的最好阶梯，你认为呢？你能否把手头的每一件小事做到尽善尽美？
4. 你觉得自己的意志力强不强？准备如何增强自己的意志力？上课时放下手机？每天坚持做早操？坚持跑步？试试吧。

### 归纳小结

分析下列句子：
1. 有理想的人，生活总是火热的。——恩格斯
2. 人有了物质才能生存，有了理想才能谈得上生活。——雨果
3. 一个没有受到献身精神鼓舞的人，永远不会做出伟大的事情来。——车尔尼雪夫斯基
4. 志当存高远。——诸葛亮
5. 不要去尝试做一个成功的人，要尽力去做一个有价值的人。——爱因斯坦
6. 宝剑锋从磨砺出，梅花香自苦寒来。
7. 书山有路勤为径，学海无涯苦作舟。

### 思考与训练

1. 以"我的理想"为题写一篇小论文。要求不少于300字。
2. 就"如何增强自己的意志力"谈谈自己的认识，与同学们分享。

# 第十二课 在社会中发展自我，创造人生价值

关注自我、思考人生价值，是青年走向独立人生的一个突出特点，也是青年开始走向成熟的一个重要标志。任何人的生存和发展既是个体的，又是社会的。人生价值只有在奉献社会的劳动中才能实现。

## 一、人的本质

### 1. 人的本质是社会的人

自然属性是人生存发展的生理基础。人是大自然的一部分，人的生存离不开自然界。人们每天吃饭、穿衣，依靠这些自然界的物质保持生存和发展。人的自然属性是人类得以生存和延续的前提条件，是人与其他生物（特别是动物）的相似或相通之处。与其他生命一样，人类也有生老病死，人也要受自然规律的制约。

但社会属性才是人的本质属性，人的社会属性主要表现在以下几个方面：

第一，人是社会的产物。社会性劳动在人和人类社会的形成中起了决定性的作用，劳动创造了人本身。

第二，人的生产活动具有社会性。从事生产的人只能是处在一定社会关系中的社会的人。

第三，人的生活具有社会性。人们的物质生活和精神生活的多种需求，也必须依赖于社会。因此，人的生活具有社会性。

### 2. 马克思主义视野中的人的属性

人的本质是由社会关系决定的，人的本质在于其社会性，人是一切社会关系的总和。

人的本质是由社会关系决定的 ⎰ 家庭关系
　　　　　　　　　　　　　　 地缘关系
　　　　　　　　　　　　　　 业缘关系
　　　　　　　　　　　　　　 生产关系
　　　　　　　　　　　　　　 政治关系
　　　　　　　　　　　　　　 法律关系
　　　　　　　　　　　　　　 道德关系

**名言**

人的本质并不是单个人所固有的抽象物。在其现实性上，它是一切社会关系的总和。

——马克思

"我们吃别人种的粮食，穿别人缝的衣服，住别人造的房子。我们的大部分知识和信仰都是通过别人创造的语言由别人传授给我们的。我们应当承认，我们胜过野兽的主要优点在于我们是生活在人类社会之中。个人之所以称其为个人，以及他的生存之所以有意义，与其说是靠他个人的力量，不如说是由于他是伟大人类社会的一个成员，从生到死，社会都在支配着他的物质生活和精神生活。"

——爱因斯坦

 **思考**

鲁滨孙一个人在荒岛上生活了 28 年，他脱离了社会照样生活得很好。这如何解释呢？

 **诗性智慧**

鲁滨孙有两大宝物，一是他的知识，二是他的小刀、火柴、火枪等工具。这些都是社会赋予他的条件。他已经是一个被社会关系造出来的成年人，他不可能再变成野兽了。所以，他再怎么漂也漂不出社会。

## 二、人生价值是社会价值和自我价值的统一

### 1. 人生的价值

人的一生有没有价值呢？如果有，该如何衡量？

**哲理故事**

某一天，西方一位教授带领他的学生们到实验室，向他们展示构成一个人身体的物质。这些东西装在一排贴着标签、排列整齐的密封瓶子里。教授说："这是从前一个叫约翰·史密斯的人的全部物质。"学生们记下玻璃瓶上的标签：够装满一个10加仑圆桶的水，可做7块肥皂的脂肪，可做9000支铅笔的碳，可做2000根火柴的磷，可做2个钉子的铁，够粉刷一个鸡窝的石灰，少量的镁和硫磺……

人的价值是不是就是哲学故事中这些物质的价值总和呢？显然不是。一个人是否有价值，有多大价值，并不存在于"人本身"之中，而存在于"人与人"之间的关系中。一般来说，人生价值包括两个方面：一是个人对社会的责任和贡献，二是社会对个人需要的尊重和满足。前者体现了个人行为对社会和他人的意义，称为人生的社会价值；后者体现了社会对个体存在和个体对自身存在的意义，称为人生的自我价值，人生价值是人的社会价值和自我价值的统一。

### 2. 人生的真正价值在于对社会的奉献

人生的价值用什么尺度来衡量，有没有客观标准？马克思主义价值观认为，人生价值的评价标准是客观的，评价一个人的人生价值，不是看他从社会、他人那里得到了什么，而是看他为社会、为他人尽到了什么责任，做出了什么贡献。人生的真正价值在于对社会的贡献。一个人如果对社会的发展和完善做出了贡献，就表明他是有价值的，他的生活是有意义的；如果他对社会没尽到自己的责任和义务，甚至有损于社会利益，他就没有什么价值和意义。一个人的人生价值同他对社会的贡献成正比，对社会贡献越大，他的人生价值也越大。

> 一个人的价值，不在于他取得了什么，而是看他贡献了什么。
> ——爱因斯坦
>
> 你要喜欢自己的价值，你就得为世界创造价值。
> ——歌德

个人对社会的贡献是多方面的，但归根到底是物质贡献和精神贡献这两个方面。因此，我们在评价一个人的人生价值时，不能把他对社会的物质贡献大小作为唯一的尺度。衡量一个人的人生价值，既要看他在物质方面的贡献，又要看他在如思想道德、文

化教育、科学探究等精神方面对社会的贡献。一般来说，一个人的物质贡献和精神贡献是交织在一起的，不同的是，有的人在物质方面的贡献大一些，有的人在精神方面的贡献突出一些。这些贡献可以是对某个人或某个集团的贡献，但最根本的是对社会发展和人类进步事业的贡献。

 **哲理故事**

天堂与地狱

有一个人死后灵魂飘荡，他埋怨自己的命不好，活着时辛苦劳累，没有像别人那样享乐生活。他决定找一个不用辛苦劳作而且吃喝玩乐享受无穷的地方，像神仙那样过一生。这时他遇到一个人，那人对他讲："我那里符合你的要求，跟我走吧。"于是这个人跟了去。果然，每天他一睁开眼睛，各种美味佳肴就送到他面前，吃完后他在庞大的如宫殿般的地方东游西逛，日子过得惬意无比。但是，过了一段时间，他感觉除了吃喝玩乐就是睡觉，好像有些无聊。于是他找到那人，说："我的工作是什么？我总得做点事情呀？"那人对他讲，我们这里没有其他工作可做，吃喝玩乐就是工作。于是这个人又接着过神仙日子去了。又过了一段时间，他觉得实在无聊之极，过不下去了，甚至有些痛苦。于是又找到那个人，说："你得给我找点事情做！每天这样真是无聊透了，与其这样还不如下地狱！"只听那个人冷笑一声："你以为这里是什么地方？这里就是地狱！"

为社会的发展做出贡献，其实也是人自身的需要。

3. 价值观及其导向作用

人们在认识各种具体事物的价值的基础上，会形成对事物价值的总的看法和根本观点，这就是价值观。在我国现阶段，富强、民主、文明、和谐是国家层面的价值目标，自由、平等、公正、法治是社会层面的价值取向，爱国、敬业、诚信、友善是国民个人层面的价值准则。这 24 个字是社会主义核心价值观的基本内容，为培育和践行社会主义核心价值观提供了基本导向。社会主义核心价值观是社会主义核心价值体系的高度凝练和集中表达。

 **延伸阅读**

社会主义核心价值体系包括四个方面的基本内容：马克思主义指导思想、中国特色社会主义共同理想、以爱国主义为核心的民族精神和以改革创新为核心的时代精神、社会主义荣辱观。

价值观是人生的重要向导。一个人能选择什么样的生活方式，能实现什么样的人生价值，都是在一定的价值观指导下进行的。价值观不同，人们在面对公义和私利、生和死等冲突时做出的选择也会不同。

## 哲理故事

### 独享财富的后果

有一个果农，培植了一种皮薄、肉厚、汁甜而少虫害的新果子。正当收获季节，引来不少果贩纷纷购买，使这位果农发了大财，增加了不少财富。

当地不少人羡慕他的成功，也想借用他的种子来种果子，这位果农认为物以稀为贵，其他人也种这种果子将会影响自己的生意，所以还是自己独享成功的喜悦为好，于是全部都拒绝了，其他人没有办法，只好到别处去买种子。可是到了第二年果熟季节时，这位果农的果子质量大大下降了，果贩们也都摇头不买他的果子了。这位果农伤透了脑筋，只好降价处理了。果农想弄清楚产生这种现象的原因，于是就来到城里找专家咨询。专家告诉他，"由于附近都种了旧品种果子，而唯有你的是改良品种，所以，开花时经蜜蜂、蝴蝶和风的传送，你的品种和旧品种杂交了，当然你的果子就变质了。"

"那可怎么办？"果农急切地问。

"那还不好办？只要把你的好品种分给大家共同来种，不就行了。"

果农立即照专家的说法办了。第二年，大家都收到了好果子，个个都喜笑颜开。

这位果农一开始以为能永远独享财富，岂料独享就那么短暂，而且还带有毁灭性的后果。后来，他把改良的品种分给大家来种，不仅自己获得了财富，也帮助别人获得了财富，取得了双赢的成果。

## 诗性智慧

从这个故事可以看出：利他才能自利！成功的人都有正确的世界观、价值观的指引，他们的价值观都有一个共同之处，那就是"在服务社会、利益他人中实现人生价值"！有人曾问诺贝尔奖获奖者李远哲："你有没有想到能获得诺贝尔奖？"李远哲说："从未想到过。"获奖当天，李远哲正在做学术报告，新闻里播出了他获奖的消息。做完报告后，人们纷纷上前向他表示祝贺，这时的他还以为是报告做得好的缘故呢！可见，一个有成就的科学家，他最初的动力并不是想要拿什么奖，或者得到什么名和利。他们之所以锲而不舍地去追求和奋斗，是出于推动人类认识自然的责任，出于对未知领域进行探索的强烈兴趣和热爱，是他们正确的价值观推动着他们做出这样的选择。

## 三、人生价值实现的客观条件和主观条件

### 1. 人生价值实现的客观条件

第一，人生价值的实现需要一定的社会历史条件。实现人生价值需要劳动创造力，但人的劳动创造力并不是自发产生的，它的形成和培养需要经过一定的学习和训练，而这种学习和训练又必须依赖于社会的经济状况、政治法律制度和科学文化水平等，要受到这些因素的制约。现阶段，国家为中职生的培养和训练提供了良好的物质文化生活条件，为中职生实现人生价值提供了更多的保障。当然，市场经济充满着竞争，在竞争的条件下，人们创业的机会多了，选择多了，但同时风险和压力也大了。在这种情况下，人们的实践活动难免会遇到一些意想不到的挫折。但我们不能消极悲观，要面对现实，充分利用社会的有利条件，发挥自身的优势，努力实现人生价值。

第二，人生价值的实现需要有一定的社会生活环境因素。影响人生价值实现的社会生活环境有家庭环境、学校环境、工作环境等。

家庭的熏陶对人们人生价值观的确立和人生价值的实现起着特殊的作用。家庭经济状况、家庭成员的道德修养和文化素质、家庭的教育方式、家庭的气氛等，都对个人的成长有着重要作用，影响着人生价值的实现。其中，最重要的家庭环境是家长的教育素质，它对一个人的品德、习惯以及价值观的形成起着决定性的作用。

学校环境对人生价值的实现也有重要影响。大量事实表明，不同的学校环境、不同的校风、不同的教师对青少年人生价值观的确立起着不同的作用。

工作环境对人生价值的实现也不可忽略。宽松、和谐、奋发向上的工作环境，有助于人们更好地发挥自己的主动性和积极性，为社会做出更大的贡献。反之，沉闷、压抑、缺乏活力和竞争的工作环境，会给人带来烦恼和消极的思想情绪，影响人生价值的实现。

### 2. 人生价值实现的主观条件

对于客观条件，我们只能认识它、利用它、改造它，而不能回避它。在实践中，我们更能把握的是主观条件。在一定的客观条件下，主观能动性发挥得越充分，个人条件越成熟，个人对社会的贡献就越大，人生就越有价值。

第一，要加强学习，全面提高个人素质。个人素质主要包括思想政治素质、道德素质、科学文化素质、心理素质和身体素质。这些素质相互联系，是人全面发展的有机组成部分，对于实现人生价值都具有重要的意义。其中，思想政治素质、道德素质、心理素质比较容易被人忽略，特别是很多家长只关心孩子的考试分数，往往忽略了这几种素质的培养，这里重点强调。

思想政治素质在一个人的整体素质中占据核心地位，对其人生发展具有定向和动力作用。过硬的政治素质是实现人生价值的重要条件，所以我们要多关心政治，不断学习政治理论，提高理论素养，保持政治警惕性和敏锐性。道德素质是一个人的道德品质，一个人有了良好的道德品质，才能爱岗敬业，积极工作，为社会尽到责任，展现自己的人生价值。一个道德素质不高的人，只会损人利己，损害集体利益，是不会为社会创造更多价值的。至于那些道德堕落的人，只能给社会带来危害，丧失其社会价值。心理素质是指一个人的情感、意志等心理状况。心理素质的好坏对个人的成长起着重要作用。人在良好的心理状态下，能够适应外界的变化情况，充分发挥自己潜在的能力，创造性地学习和工作。如果心理存在障碍，如沮丧、失意、焦虑、恐惧、抑郁等，势必影响自己正常的学习和工作，甚至会给社会带来不良的后果。

> 修己以安人。
> ——孔子

### 延伸阅读

有位执教40多年的老教师，根据多年的教学经验和对学生的追踪调查，发现那些能够做出成就、读书最好的人，不一定是那些智力最优秀的学生，而是有着健全的情感和心理素质、意志坚强、品德良好的学生。

第二，要自觉遵循社会发展的客观规律。人生总是不断地面临各种各样的选择，有选择的意识，选择是自觉的，即有主见，对于人生的成功、对于人生价值的实现具有极为重大的意义。

### 哲理故事

#### 梨虽无主，我心有主

元代大学者许衡一日外出，因为天气炎热，口渴难耐。正好路边有一棵梨树，行人们纷纷去摘梨解渴，只有许衡一个人不为所动。这时候有人就问他："为什么你不摘梨呢？"许衡就说了："不是自己的梨，怎么可以随便乱摘呢？"那人就笑他迂腐："世道这么乱，管它是谁的梨。"许衡说："梨虽无主，我心有主。"

"我心有主"的意思是做事就必须有自己的主见。人生有许多机会，就面临许多诱惑，面对诱惑如何选择，这就关系到价值判断和价值选择的问题了。

人们进行的各种价值选择都不是凭空产生的，而是社会存在在不同人的头脑中反映的产物，是在社会实践的基础上形成的。人们选择的目标能否实现，实现的程度如何，取决于他的认识是否符合社会发展的客观规律。因此，要树立正确的价值观，做出正确的价值选择，就必须坚持真理，遵循社会发展的客观规律，走历史的必由之路。一切以时间、地点和条件为转移，我们的价值观念也会随着社会历史的发展而变化，所以价值选择也要与时俱进，防止简单化和片面化。

## 四、在社会与个人的统一中实现人生价值

### 1. 正确处理公和私、义和利的关系

社会和个人的关系，从某种意义上讲，就是公与私的关系。所谓的公，就是社会或社会利益；所谓的私，就是个人或个人利益。公与私是对立统一的，其对立表现在，它反映了不同利益对象及其要求。其统一表现在，对全局而言为私的利益，在一个局部就是公共利益；对局部而言为公的利益，在全局就是为私的利益。个人的私利在任何社会都要受到限制，它的平衡需要依靠制度、法律和道德，这是维护社会公共利益的客观需要。在实际生活中，我们要提倡坚持集体主义原则，反对损公肥私，反对把个人利益凌驾于集体利益之上。要树立正确的义利观，将国家利益、人民利益作为价值选择的出发点。

**延伸阅读**

> 美国有以下两个著名案例。一是某地要拆迁建药厂，拆迁户不同意搬迁，认为建药厂目的是赚钱，打起了官司。但大法官最终认定兴建药厂能扩大就业，增加税收，公共利益显著，判决支持拆迁。另一个就是纽约建帝国大厦时，也遭到拆迁户的抵制，并到法庭起诉。大法官认为，帝国大厦是美国标志性建筑，有利于展示美国国家形象，判决拆迁户败诉。

但另一方面，我们也要正视个人的合法利益，满足个人正当合理的要求，才能调动每个人的积极性。

"义"指道德原则、道义等。唯物史观认为，顺应历史的发展潮流，符合大多数人的利益，有利于社会发展和进步的思想和行为，就是义，否则就是不义。"利"是指利益、金钱。利有正当的利和不正当的利，通过正当途径和合法手段获得的个人利益，就是正当的利，正当的利就应该努力争取。义与利具有统一性，这可以统一在公共利益上，但义与利又有对立的一面，有的时候、有的情况下，义与利不能同时兼得。坚持义利统一，就要鼓励人们在不损害国家、社会和他人利益的前提下，通过正当途径和合法

手段去追求自己的物质利益。反对拜金主义、见利忘义，也要避免只讲义，不讲利。

**思考**
1. 我们能否做到墨子所说的"摩顶放踵以利天下"？
2. 见义勇为受伤后再索要报偿是否违背常理？

**诗性智慧**

> "摩顶放踵"是墨家的人生价值观，是一种绝对的利他主义，意为"如果对天下有利，就是自己从头到脚都受到损伤，也愿意为之"。"摩顶放踵以利天下"是一种超越义务的道德理想，不能作为道德规则，只能是道德榜样。因为人的价值包括自我价值与社会价值。
>
> 长期以来，我们习惯于对见义勇为的认识仅仅局限于无偿奉献，即使因此而付出了生命的代价也不能索取，特别是向被救者索取利益，于是见义勇为者流血又流泪的事亦也常见报端。但2004年5月1日，我国正式施行了《最高人民法院关于审理人身损害赔偿案件适用法律若干问题的解释》，让人眼前一亮：为维护国家、集体或者他人的合法权益而使自己受到人身损害，因没有侵权人、不能确定侵权人或者侵权人没有赔偿能力，赔偿权利人请求受益人在受益范围内予以适当补偿的，法院应予以支持。

**延伸阅读**

> 《扬州晚报》曾报道过这样一个消息：某日清晨，扬州一位老太太不小心摔了一跤，一位小伙子见状赶紧上前搀扶起老人，但小伙子的伙伴却嚷道："你赶紧松手，老太太要是说是你撞倒的，你麻烦可就大了！"小伙马上松手跑掉，老太太再次摔倒在地，伤势变得更严重了，股骨头跌碎，胳膊和腿都骨折了。
>
> 消息迅速被各大网站转载，成为网友们讨论的大热点。大家都在问这样一个问题：世道人心到底怎么了？难道我们真的面临严重的社会道德危机了吗？

**思考**
1. 如果你是文中的小伙子会怎么做？为什么？
2. 从义与利的角度分析，小伙子担心的是什么问题？
3. 在处理个人利益和社会利益关系的时候，我们应当注意哪些问题？

## 2. 在服务社会关爱他人中实现利己与利他的统一

人生活在社会中，经常会遇到一些利益关系问题。人生发展要实现个人利益，必须要正确处理利己与利他的关系。利己与利他是人生中经常遇到的一对矛盾。它们既是对立的，表现为有时候坚持"利己"就不能"利他"，或者相反；它们又是统一的，有的情况下，"利己"的同时，也可以"利他"。每个人都是社会中的人，个人的生存与发展都离不开他人与社会，他人与社会是实现利己的重要手段，要获得人与社会的全面发展，就要坚持利己与利他的统一。

> 人们奋斗所争取的一切，都同他们的利益有关。
> ——马克思

第一，关爱他人，服务社会。作为社会的人，仅仅维护自己的正当利益是不够的，还要发扬助人为乐的精神，热情地关心、帮助他人，积极地服务社会，这不只是个人应尽的社会责任，也是个人自身发展所必需的。作为中职生，必须要正确认识个人与社会的关系，在关爱他人、服务社会的过程中实现自我的发展。

### 延伸阅读

稻盛和夫先生与松下幸之助、盛田昭夫、本田宗一郎并称为日本四大"经营之圣"，为当今工商巨子，享有盛誉。作为一位成功的企业家，稻盛和夫是这样谈他的成功之道的：最大的生意是学会辨别事物的善与恶。日本有句话叫作"人情并不是为别人"，意思是说善待别人就肯定有回报。中国也有类似的话"积善之家有余庆"，做善事的人家子子孙孙都会得到幸福。我一生所取得的成功，根本得益于"正确的思维"，作为一个人，最重要的是他心中所描绘的梦想，必须用人生正确的思维方式去实现。这是我一生成功最根本的原因。这种正确的思维方式，如果说是信仰，可能就会带有一些宗教色彩。与其用"信仰"来表示，我觉得不如用"信念"更好一点。不过"信念"这个词听起来还是有些僵硬，所以我用"思维方式"来表示。我认为，人们的思维方式大致可以分为两种判断标准。一种是按照"得""失"来进行判断，另一种是按照"善""恶"来进行判断。我的判断标准，不是前者，而是后者。我认为这是一个正确的判断标准，我是基于这个标准来开展我的工作的。我之所以要把企业搞得越来越出色，目的就是让在京瓷的员工能够安心地工作，度过一个幸福的人生。我们对员工会有系统化的培训。其他企业可能会非常关注技术、技巧、经营管理方面的教育，但是我们会在哲学方面花掉培训60%～70%的精力。我们非常关注管理层的修身，公司在全世界各个地区，我们都非常重视对京瓷哲学的研修。这种研修，就是让更多的管理层学会辨别事物的善与恶，辨别行为的善与恶。

其实稻盛和夫这里的"善"指的就是善待他人、服务他人，这也是他成功的秘诀。

**延伸阅读**

有个西方故事：神甫们为了使基督徒们将来有个较好的归宿，就先后带他们到"地狱"和"天堂"去看看。在"地狱"里，有许多人坐在餐桌旁，愁眉苦脸。因为桌上摆满了丰盛的酒菜，而他们的双手却被绑得直直的，用餐的工具被绑在直直的手上。每个人都拼命想吃东西，可就是吃不着，只好都在那里干着急，看着美餐忍受饥饿。"天堂"里一样摆放着丰盛的美食，唯独不同的是那里的人都满脸笑容，因为他们都在用自己的餐具喂给别人吃。

**思考**
你喂给别人吃，别人也就喂给你吃，这说明什么道理？

**诗性智慧**

> 要坚持"我为人人，人人为我"的处世原则。"我为人人，人人为我"集中体现了人的社会本质，也反映了个人的存在、发展既需要个人的努力，又需要他人的帮助和支持。实际上，在社会生活中，每个人每时每刻都在享受着别人的劳动成果，即"人人为我"。而"我"作为社会的一分子，也应该努力为别人、为社会贡献力量，即"我为人人"。在一定意义上，社会是一个庞大的服务站，个人既是服务者，又是被服务的对象。个人在为社会、为他人服务的同时，也在为自我服务。因此，首先应该强调"我为人人"，大家都为社会、为他人服务和做贡献，个人才能获得自身发展所需的社会环境和条件。这样，社会就进步了、和谐了。

第二，维护个人的正当利益。个人追求和维护正当利益应予以支持和提倡，个人对自身利益的正当追求，是人的生命得以延续的基本保证，也是人们从事一切活动的基本动力。正是人们对美好目标的不断追求，才推动着社会的发展、人类的进步。同时，当个人的利益得到保障和满足时，也就是为个人更好地利他提供了坚实的基础。

**哲理故事**

### 秀才的牢骚

一个秀才给某户人家做私塾先生。主人家每顿饭只有萝卜一个菜。秀才心里很不痛快。一天，主人请秀才一起吃饭，顺便看看儿子学得怎样。秀才先对学生说："吃饭时，如果要对对子，你看我的筷子夹住什么，你就对什么。"学生答应了。一会儿，主人来了，请秀才上座，儿子在旁边陪着。主人说："先生每天费心思教，想来我儿子应该学到不少东西了。"秀才说："对对子还可以。"主人说："我说两个字。核桃。"学生看着秀才。秀才拿筷子夹萝卜。学生说："萝卜。"主人说："不太好。"又说："绸缎。"秀才又用筷子夹萝卜。学生说："萝卜。"主人说："绸缎如何对萝卜。"秀才说："萝是丝罗的罗，卜是布匹的布，有何不可？"主人抬头一看，看到隔壁东王庙，又说："鼓钟。"秀才又用筷子夹萝卜，学生又对"萝卜"。主人说："这更对不上了。"秀才说："萝卜乃锣鼓之锣，卜乃铙钹之钹，有何不可？"主人说："太勉强了。"又出二字："岳飞。"先生还是夹萝卜，学生也仍对"萝卜"。主人说："这更加不对了。"秀才说："岳飞是忠臣，萝卜乃孝子，有何不可？"主人便发怒了："先生怎么总是让我儿子对萝卜？"先生也发火说："你天天让我吃萝卜，好不容易请客，也让我吃萝卜。我眼睛看的也是萝卜，肚内装的也是萝卜，你让我怎么不教你儿子对萝卜？"

 **思考**

对故事中的秀才的做法你是怎么看的？

"人生而有欲"，"养人之欲，给人之求。"
——荀子

 **归纳总结**

1.古希腊哲学家德谟克利特说：猪在污泥中取乐，驴子找到香料吃是幸福的。人不能满足于动物的欲望，信奉"猪的哲学"。你能从这句话看出人和动物的本质区别吗？

2. 毕淑敏说:"人生是没有意义的,你要为之确立一个意义。"你如何理解这句话?
3. 你认为应该如何实现利己和利他的统一?

**思考与训练**
收集有关特蕾莎修女的三个故事。

# 第十三课　努力实现人的全面发展

坚持以人为本，不断提高人的素质，促进人的全面发展，这是社会主义的本质要求。党的十八大明确把"促进人的全面发展"纳入中国特色社会主义道路的内涵，并强调"不断在实现发展成果由人民共享、促进人的全面发展上取得新成效"。这标志着中国特色社会主义把实现人的全面发展作为终极价值追求，必将极大提高"中国梦"的吸引力、凝聚力和感召力。

## 一、努力实现人的全面发展

### 1. 人的全面发展的内涵

"人的全面发展"首先是指人的"完整发展"，即人的各种最基本或最基础的素质必须得到完整的发展，同时也指人的"和谐发展"，即人的各种基本素质必须获得协调的发展，各方面发展不能失调，否则就是畸形发展。"全面发展的人"是指体力和智力获得充分的自由的发展和运用的人，是脑力劳动与体力劳动相结合的人，是全面发展了自己一切才能的人。

**延伸阅读**

> 我国现阶段的教育方针是如何体现人的全面发展的？《中华人民共和国教育法》第5条规定，我国现阶段的教育方针是："教育必须为社会主义现代化建设服务，必须与生产劳动相结合，培养德、智、体等方面全面发展的社会主义事业的建设者和接班人。"

### 2. 为什么需要实现人的全面发展

实现人的全面发展，需要人的各方面素质全面成长。片面发展使人的各种潜能的发挥和能力的发展受到了制约，从而制约了人对自然、社会和自身的全面的认识，会导致人在认识和实践、情感和态度等方面的畸形发展，从而不能很好地适应现实社会发展和现实生活中的各方面要求。因此，人只有走出片面发展的误区，实现全面发展，才能适应现代社会发展的要求，才能实现个人的自由发展。

**延伸阅读**

魏永康，1983年6月出生在湖南省华容县，两岁的时候就能认识2000多个汉字，他4岁进小学，8岁上中学，13岁读大学，17岁时考上了中科院的硕、博连读，在华容县是小有名气的"神童"。魏永康的成长经历可谓一帆风顺，然而，长期以来生活环境的闭塞、自理能力的缺失、知识结构的不合理，使魏永康在20岁时，也就是考上中科院3年后，被中科院退学。一时间，魏永康处于风口浪尖，大家对培养什么样的人才有了更多的认识。

魏永康的经历告诉我们：要使自己的特长得到充分的发挥，必须要奠定坚实的和全面的基础。

 **延伸阅读**

"短板理论"又称"木桶原理""水桶效应"：盛水的木桶是由许多块木板箍成的，盛水量也是由这些木板共同决定的。若其中一块木板很短，则此木桶的盛水量就被短板所限制。这块短板就成了这个木桶盛水量的"限制因素"（或称"短板效应"）。若要使此木桶盛水量增加，只有换掉短板或将短板加长才行。

 **诗性智慧**

对于作为个体的人来讲，要"面面俱到"是根本不可能的，人的"片面发展"倒是必然的和正常的。但"木桶原理"告诉我们，一个人明显的短处便是限制其全面发展、发挥潜能的致命因素。所以我们不仅要善于发现自己的能力、道德、性格等方面的优势，也要发现自己身上的不足，而且要在扬长的同时，注意填补自己的不足，努力使自己成为全面发展的人。

3. 实现人的全面发展的主客观条件

要实现人的全面发展，既离不开个人的主观努力，也离不开社会的进步和发展。

第一，客观条件。人的全面发展需要有高度发达的社会生产力和它所创造的社会物质条件为基础。生产力是社会发展的最终决定力量，也是人全面发展的最终决定力量。人要全面发展，首先要得到衣食住行的满足。因此，离开生产力的发展谈人的全面发展是不切实际的。但是，生产力的高度发展并不直接等于人的全面发展。如果以经济增量为目标，为生产而生产，就会牺牲人的全面发展，造成各种危害，使发展不可持续。

人的全面发展的实现，离不开一定的社会关系，需要有和谐的社会环境。人只有在相互学习、相互交流中才能不断完善自己、发展自己。人的才能的发挥离不开他人、离不开社会和集体。

第二，主观条件。个人的身心和谐、协调发展既是人的全面发展的内在条件，也是人的全面发展的先决条件。人的全面发展意味着人的个性的丰富性和能力的多样性，它使人在复杂多变的社会生活中能够应对自如，显示出更强的主动性和创造力。

 **哲理故事**

### 悦纳自己

有位电车公司的服务小姐，年方18岁，她做梦都想当个职业歌手，可是她容貌够不上漂亮，她是龅牙。后来，一个偶然的机会，她到一个俱乐部去演唱，首次展现自己的容貌与歌喉，她感到十分紧张，唯恐观众发现她不雅观的牙齿，于是将上唇紧抿着，希望借此引开观众的注意力，结果弄巧成拙。在观众席中，有位乐师听了她的歌声，认为她具有歌唱才能，乐师在演出后对她说："刚才在台上你所做的一切动作我都看得清清楚楚。你尽量抿着嘴唇不使龅牙露出来，你真的以为自己的牙齿不好看吗？"听罢，姑娘羞得满脸通红。乐师又说："那有什么值得羞耻呢？龅牙又不是你的罪过，放声唱歌吧，你会得到观众的喜爱的。"这位小姐终于听从了乐师的劝告，接纳自己。此后，每逢表演，她都尽情地张开嘴，开怀歌唱，不久便成了深受观众喜爱的歌星。后来很多演员竟也学起她的舞台形象来。

 **诗性智慧**

> 个人的身心和谐，简单地说，就是自我接纳，就是自己与自己相合，接受自己的缺陷，不让它成为自己的心理障碍。比如，你脸上有一个疤痕，你能接受那是你

的一部分，不因它而感到自卑或不自在，那就是自我接纳。能做到自我接纳，就能做到心理平衡、生理平衡、伦理平衡。也就是说，就能保持良好的心态，并能保持淡泊名利，修身养性。人生中，能做到自我接纳，便能身心和谐，从而充分地实现自己的人生价值。

自觉接受教育，学习和吸收人类的文明成果，是实现人的全面发展的必要条件。人是生物遗传和社会遗传的统一，其中，社会遗传制约并改变着生物遗传，制约并决定着人的发展。而教育是社会遗传的主要手段，教育是造就全面发展的人的必由之路，可以使人获得全面发展所必需的知识，帮助人提高自身的素质，培养健全的人格。

4. 做德能兼备、全面发展的职业人

中职学生正处于人生发展的关键时期，在选择自己的人生道路、确立人生理想时，要走出片面发展的误区，树立全面发展的意识，为全面发展打下坚实的基础，为成为德能兼备、全面发展的现代职业人做好准备。

首先，要加强道德修养，提高道德素质。全面发展不是不需要一技之长，不是否定每个人的不同特点，全面发展是指在德智体美等方面的全面发展。所谓的一技之长，是建立在全面发展基础上的。否则，仅仅有一技之长，缺乏全面发展的基础，甚至放弃道德修养，不仅不会实现人的真正发展，相反还会使人走上人生的歧途。

其次，要加强专业技能的学习，提高动手能力。中职学生除了提高自身的道德素质，学习文化理论知识拥有健康人格之外，还要掌握优秀的专业技能和提高专业素质。提高专业技能水平，既是提升自身的综合素质、实现人生理想和人生价值的需要，也是报效祖国、提升国家综合实力的需要。

最后，要提高科学文化素质。科学文化素质是实现全面发展的基础。科学文化素质较高的人，有较强的发展后劲和可持续发展的能力。而科学文化素质低的人，眼界会比较狭隘，自我发展的能力就会受到限制，在人生发展中难免出现这样或那样的错误。

## 二、在社会发展中实现人的个性自由

1. 人的个性自由的内涵

个性自由是指个人的能力和潜能，按照个人的意愿得到自由而充分的发挥和发展。个性自由的人，是生活中真正的主人，能够自主地选择和决定自己的生活，能够充分地发挥自己的潜能。

个性自由不是主观的任意妄为，而是对必然的认识和对客观世界的改造。个性自由的人，能够客观地了解、支配并控制外部条件，自觉地掌握和利用外部条件为自己服务。

个性自由是历史发展的产物。人的自由受社会关系的制约，自由并不是为所欲为、随心所欲，人的自由是在遵守法律或道德的前提下的自由。

## 2. 个性自由与社会约束

哲学上把人认识事物发展的规律性并自觉地运用到实践中去，叫作自由。所以自由既在于摆脱束缚，超越障碍，又在于自觉自愿地遵照客观必然性去从事创造性的活动。自由是对必然的认识和根据这种认识对必然的改造。

 **诗性智慧**

> 俗话说有理走遍天下，无理寸步难行。这里的"理"指的就是客观真理，某种必然性，也就是说，掌握了客观必然性，并遵循它去办事，就能不断地在实践的过程中由必然王国迈向自由王国，从而达到全面而自由的发展，否则就会遇上很多障碍，寸步难行。

而真理具有相对性，即真理是具体的，所以人的个性自由也是具体的。人的自由总是在一定基础上和一定条件下的自由，它的形成与个人的社会环境的改变相一致，其发展的程度也与社会的发展程度相一致。

人的个性自由是相对的。要正确理解和对待个性自由与社会约束的关系。自由是相对约束而言的，完全摆脱约束、不要任何限制的绝对自由是不可能存在的。一方面，任何个人的个性自由应得到社会和他人的尊重，每个人应该创造必要的条件尽可能把自己的特长和优势在社会生活中发挥出来，从而为社会发展做出更大的贡献，最大限度地创造出自己的人生价值；另一方面，任何人的自由都不能妨碍影响别人的自由，任何个人的自由都必须以保证集体、社会的稳定和发展作为前提。

 **哲理故事**

### "自由"的风筝

风筝在空中飞舞。当强风把风筝吹起，牵引线就能够控制它们。风筝迎风飘向更高的地方，而不是随风而去。它们摇摆着、拉扯着，但牵引线以及笨重的尾巴使它们处于控制之中，并且迎风而上。它们挣扎着、抖动着想要挣脱线的束缚，仿佛在说："放开我！放开我！我想要自由！"即使与牵引线奋争着，它们依然在美丽地飞翔。终于，一只风筝成功挣脱了。"终于自由了，"它好像在说，"终于可以随风自由飞翔了！"脱离束缚的自由使它完全处于无情微风的摆布下。它毫无风度地震颤着向地面坠落，落在一堆乱草之中，线缠绕在一棵灌木上。"终于自由"使它自由到无力地躺在尘土中，无助地任风沿着地面将其吹走。

**思考**

风筝的自由与约束给我们什么启示？

### 3. 在职业活动中实现自由而全面的发展

人的个性发展表现为个人主体性水平的全面提高，以及个人独特性的增加和丰富。人的个性发展对于一个充满活力的社会是不可缺少的，正是各具特色、各有所长的个人，才构成了丰富多彩的社会。作为职业人来讲，每个人应根据一定的条件来确立自己的发展目标，在职业活动中不断丰富、发展和完善自我。

在以往的社会中，一个人在某个或某些方面得到发展，往往不是他根据自己的意愿或天赋选择的，而是由于外界压力而不得不如此。这是一定意义上的不自由的发展。人的个性自由，是从自主性上谈的；人的发展，是指人自觉地发展自己的才能，施展自己的才华，显示自己的独创性。今天，随着社会生产力的发展，社会分工越来越细致化，为人的发展创造了更多的机会。作为现代职业人，我们应该善于抓住这样的机遇，练好基本功，为实现个人自由而全面的发展夯实基础。

现代职业教育能使人按照自身的内在要求、自我价值实现的要求与客观条件相结合来实现职业生涯的发展，并通过职业活动来挖掘人的内在潜能，使人认识和改造客观世界的能力获得比较充分的发展，从而实现个人的自我价值。作为中职生，我们要加强学习和实践，认识和把握社会发展规律，不断提升认识规律、运用规律的能力，提升自身的人生发展能力，实现自由而全面的发展。

 **归纳总结**

辨析下面的句子。
1. "全面发展"就是要求我们无一缺陷，无一短处。
2. 人的自由总是在一定基础上的自由、一定条件下的自由。

 **思考与训练**

1. 张立勇，29岁，清华大学食堂厨师。作为一名普通的农民工，张立勇自学英语10年，获得大学英语四六级考试证书，在托福考试中获得630分的高分，他也因此受到媒体的关注，一时间"英语神厨""馒头神""清华扫地僧"成为他的代名词，张立勇成为家喻户晓的公众人物。张立勇出生在江西赣南的一个小山村，因为家庭贫困，读到高二就辍学到广州打工，尽管每天工作10多个小时，但他还是会抽出时间来学习英语。1996年张立勇经亲戚介绍进入清华食堂成了一名切菜工。清华园也成为他实现梦想的乐土。张立勇每天早晨4点钟起床，每天坚持自学七八个小时，有的时候学到深夜一两点钟。张立勇的坚持得到了回报，2004年，他拿到了北京大学成人教育学院国际

贸易本科文凭，终于圆了迟到10年的大学梦。2004年10月，张立勇获得了共青团中央颁发的中国青年学习成才奖。

张立勇成才的故事对你有什么启发？

2. 一棵刚栽下的小树，被束缚在木桩上，它感到很不自在，气愤地指责木桩说："老东西，你为什么要束缚我，剥夺我的自由？"

木桩亲切地说："小兄弟，你刚开始自立，弄不好是会栽倒的，我是为了帮助你扎稳根，增强抵御风的能力，扶持你茁壮正直地成长，让你成为有用之才呀！"

"鬼话！"小树心里骂道，"我才不信你这骗人的鬼话呢，没有你我同样能扎稳根，不用你扶我同样茁壮正直地成长，你就等着瞧吧！"

于是，小树凭借风力，故意找别扭，天天和木桩磨来磨去。有一天，它终于把绳索挣断了，感到非常得意，整天随着风，东摇西摆地起舞，把根部的泥土晃松动了。一天夜间，一阵疾风骤雨，它被连根拔了起来。第二天一早，岿然不动的木桩望着倒在地上的小树叹道："你现在感到彻底自由了吧！"

"不！"小树难过地说："我现在感到需要约束，可惜已经有点迟了！"

你怎么看待小树的自由和约束？

# 第四单元习题

## 一、判断题

1. 社会基本矛盾是社会发展的根本动力。（    ）
2. 只有不断改变生产关系，才能促进生产力的不断发展。（    ）
3. 在现代生产活动中，生产力的构成要素比较复杂，除了基本要素外，还包括教育、管理、科技等要素。（    ）
4. 科学技术是第一生产力。（    ）
5. 衡量一种生产关系是否适合生产力，主要是看它能否使生产力各种要素充分发挥作用。（    ）
6. 生产力决定生产关系，生产关系对生产力没有影响。（    ）
7. 一个社会的制度对经济基础有极大的反作用。（    ）
8. 树立科学的世界观人生观对个人的成长有重大意义。（    ）
9. 人民群众是历史的创造者，但普通个人在历史上是不起作用的。（    ）
10. 实现人生目标主要是要符合潮流，没必要符合历史规律。（    ）
11. 个人的奋斗目标和国家的发展大目标是没有关系的。（    ）
12. 社会存在决定社会意识。
13. 信念是对理想的坚持，是人们追求理想目标的强大动力。（    ）
14. 很多情况下，理想亦是信念，信念亦是理想。（    ）
15. 理想源于现实，又高于现实。（    ）
16. 社会意识是社会生活的精神方面，人生价值观、理想是社会意识的重要内容。（    ）
17. 树立职业理想，要以事业需要为重，不需要考虑个人兴趣。（    ）
18. 人与动物的根本区别在于人能制造工具。
19. 人是一切社会关系的总和。
20. 鲁滨孙一个人在荒岛上生活了28年，他脱离了社会照样生活得很好。这说明人是可以脱离社会的。
21. 人生的真正价值在于对社会的物质贡献。
22. 人生价值包括社会价值和个人价值。
23. 我们要在服务社会关爱他人中实现利己与利他的统一。
24. 人的社会价值是指社会对个人的尊重和满足，自我价值是指个人对社会的奉献和责任。
25. 贡献是索取的前提和条件。

## 二、选择题

1. 生产力中能动的主导因素是（　　）。
   A. 生产工具　　　　　　　　　　B. 劳动对象
   C. 劳动者　　　　　　　　　　　D. 科学技术

2. 生产关系变革的根源是（　　）。
   A. 新的生产关系已经出现　　　　B. 科学、先进的社会意识已经形成
   C. 社会物质生活条件的变化　　　D. 生产力发展的客观要求

3. 判断一种生产关系是否先进的标准是（　　）。
   A. 是公有制还是私有制　　　　　B. 是否符合人们的愿望
   C. 劳动产品分配是否公平　　　　D. 是否适应生产力的发展水平

4. 恩格斯说："人们首先必须吃、喝、住、穿，然后才能从事政治、科学、艺术、宗教等。"这是因为（　　）。
   A. 经济基础决定上层建筑
   B. 生产力决定生产关系
   C. 物质资料的生产方式决定社会的发展
   D. 人口因素影响社会的发展

5. 叔本华的《一个人的打赌》的笑话说明了（　　）。
   A. 生产力决定生产关系　　　　　B. 经济基础决定上层建筑
   C. 人的素质决定了其言谈的内容　D. 生产关系决定生产力

6. 理想之所以能激发人们去追求、去奋斗，成为人生追求的目标和从事实践活动的精神动力，是因为（　　）。
   A. 理想属于社会意识　　　　　　B. 理想是社会存在的反映
   C. 理想可以转化为现实　　　　　D. 理想是比现实更美好的目标

7. 实现人生理想的根本途径是（　　）。
   A. 认真读书，掌握科学知识　　　B. 努力提高自己的综合素质
   C. 积极投身社会实践　　　　　　D. 发挥主观能动性

8. "宝剑锋从磨砺出，梅花香自苦寒来"；"书山有路勤为径，学海无涯苦作舟"。这些警句格言表明（　　）。
   A. 理想源于现实，又高于现实
   B. 理想能转化为现实
   C. 理想转化为现实必须具备主客观条件
   D. 艰苦奋斗是理想转化为现实的重要的主观条件

9. 人类得以生存和延续的前提条件，人与其他动物的相通之处是（　　）。
   A. 人的客观性　　　　　　　　　B. 人的物质性
   C. 人的自然属性　　　　　　　　D. 人的社会性

10. 人生的基本问题是（　　）的关系问题。
    A. 物质与意识　　　　　　　　　B. 个人与社会

C. 主观和客观  D. 自然和历史

11. 人的本质属性在于人的（　　）。
    A. 自然性  B. 社会性
    C. 阶级性  D. 能动性

12. 实现人生价值的根本途径是（　　）。
    A. 社会实践  B. 社会历史条件
    C. 提高个人的思想素质  D. 社会环境因素

13. 两位民警为抢救违规穿越铁路遇险的人不幸牺牲，被救者却逃之夭夭。在这一实例中，两位民警的行为体现了（　　）。
    A. 个人对社会的责任和贡献  B. 社会对个人的尊重和满足
    C. 精神价值可转化我物质价值  D. 实现人生价值需要自觉遵守纪律

14. 两位民警为抢救违规穿越铁路遇险的人不幸牺牲，被救者却逃之夭夭。在这一实例中，被救者的行为表明（　　）。
    A. 个人的生存和发展需要他人的帮助
    B. 人的本性是自私的
    C. 国家的利益和集体的利益高于个人利益
    D. 极端个人主义是有害的

15. 当个人利益和集体利益发生矛盾时，应该自觉牺牲个人利益，服从集体利益。这意味着（　　）。
    A. 集体主义和个人主义是根本对立的
    B. 关心他人比关心自己重要
    C. 集体利益高于个人利益
    D. 集体利益包含着个人利益

# 后　记

这本《哲学——人生的诗意与远方》是广东省中职德育第一批优质课程建设课题中《哲学与人生》课题研究的成果之一，可作为中等职业教育德育课课程改革国家规划教材的配套教学用书，适合中等职业学校学生及高中学生学习哲学使用，也适合教师培训使用。其宗旨是点燃学生对智慧的热爱，引导学生思考世界和人生的重大问题，培养学生独立思考能力和良好的心态。

这本教学配套用书是根据国家教学大纲编写的，是对笔者本人制作的教学课件的内容的整合。本书的编者大多是中职学校一线德育课教师，这就使本书内容能更加贴近学生、贴近实际、贴近生活。参加这本书的初稿执笔的有：陈婉珍老师（导言课）、惠州市博罗中等专业学校的郭颂恒副校长（第一课）、广东省华侨中专的黄凯雯老师（第二课、第五课）、广东省商业职业技术学校的沈彬副校长（第三课）、广东省科技职业技术学校的林旭兰老师（第四课）、佛山市南海信息技术学校的华群青老师（第六课）、广东省科技职业技术学校的林炼钢老师（第七课、第九课）、广东省商业职业技术学校的卓晓老师（第八课、第十课）、广东省科技职业技术学校的钟坤英老师（第十一课）、揭阳市综合中专学校的陈伟佳老师（第十二课、十三课）。陈婉珍老师、广东省中职德育中心主任汪永智教授对全书进行了修改、统稿、定稿，并对全书大部分章节进行了较大的改写或重写。韩山师院政法学院余炳元院长审读了全稿。

本书在编写过程中得到了广东省中职德育中心领导的关怀和指导，得到了广东省商业职业技术学校领导的支持和帮助，得到了广东省商业职业技术学校"哲学与人生"优质课程项目组全体成员无私的支持和配合。广东省德育中心汪永智主任为本书写序，韩山师范学院余炳元副教授、罗秋立教授对本书提出了宝贵的意见。余炳元恩师及心理咨询师何楠老师为本书的编写提供了相关资料，广东省商业职业技术学校的张幼晖老师为本书的插图付出了辛勤的劳动，卓晓老师为全书做了认真细致的校对工作，在此向他们表示真诚的谢意！在写作过程中，编者参考了大量有关的论著，吸收了不少作者的可贵观点并引用了其中的一些资料，如赵家祥、王元明主编的《哲学基础知识》，周国平的《觉醒的力量》《善良丰富高贵》《各自的朝圣路》，张平增、余炳元、陈国庆主编的《科学思维论》，张笑恒编著的《北大清华哲学课》，包丰源著的《边走边悟》，等等，由于篇幅所限，未能将这些材料的出处一一列出，谨在此对他们一并表示感谢。

由于编者水平和时间所限，书中难免有不足之处，我们恳切期待读者的批评指正。

广东省商业职业技术学校　陈婉珍<br>
2016 年 5 月

# 附录  各章习题参考答案

## 第一单元

### 一、判断题

1. √  2. ×  3. √  4. √  5. ×  6. √  7. ×  8. ×  9. √  10. √
11. √  12. ×  13. ×  14. √  15. ×  16. √  17. ×  18. √  19. ×
20. √

### 二、选择题

1. B  2. A  3. A  4. A  5. A  6. B  7. A  8. A  9. A  10. A  11. C
12. D  13. B  14. C  15. B  16. D  17. B  18. D  19. A  20. D

## 第二单元

### 一、判断题

1. √  2. ×  3. √  4. √  5. ×  6. √  7. √  8. √  9. √  10. ×  11. ×
12. √  13. √  14. √  15. √  16. √  17. √  18. √  19. ×  20. √
21. √  22. ×  23. √  24. ×  25. √

### 二、选择题

1. C  2. A  3. C  4. D  5. B  6. A  7. A  8. A  9. B  10. B  11. C
12. A  13. A  14. B  15. D  16. A  17. C  18. C  19. C  20. B  21. C
22. B  23. A  24. B  25. B

## 第三单元

### 一、判断题

1. √ 2. × 3. × 4. √ 5. √ 6. × 7. √ 8. × 9. √ 10. ×
11. × 12. √ 13. √ 14. √ 15. √ 16. × 17. × 18. √ 19. ×
20. × 21. √ 22. √ 23. √ 24. √ 25. √ 26. × 27. √ 28. √
29. × 30. √

### 二、选择题

1. D 2. D 3. B 4. A 5. A 6. B 7. C 8. D 9. A 10. B 11. C
12. D 13. B 14. C 15. B 16. A 17. D 18. B 19. A 20. A 21. A
22. A 23. A 24. A 25. A

## 第四单元

### 一、判断题

1. √ 2. × 3. √ 4. √ 5. √ 6. × 7. √ 8. √ 9. × 10. ×
11. × 12. √ 13. √ 14. √ 15. √ 16. √ 17. × 18. × 19. √
20. × 21. × 22. √ 23. √ 24. × 25. √

### 二、选择题

1. C 2. D 3. D 4. A 5. B 6. C 7. C 8. D 9. C 10. B 11. B
12. A 13. A 14. D 15. C